ro
ro
ro

Die SMS der letzten Nacht ist nicht
wie jede andere Kurznachricht. Sie
erreicht einen aus dem Club, vom
Klo einer fremden Wohnung oder
vom steinigen Weg nach Hause. Sie
ist unverblümt, bizarr, oft frivol,
voller Emotionen und häufig an den
Falschen adressiert.
Unter dem Motto: „Welche SMS
hättest du gestern Nacht besser
nicht verschickt?" nimmt sich die
Website SMSvonGesternNacht.de
dieser kleinen Textkunstwerke des
Alltags an. Das vorliegende Buch
versammelt aus Zehntausenden
anonymer Einsendungen die besten,
lustigsten und *merk*würdigsten
Handybotschaften.

Anna Koch und Axel Lilienblum
studieren und arbeiten in Berlin. Mit
SMSvonGesternNacht.de setzten
sie im November 2009 ihren lang-
gehegten Traum einer eigenen
Website in die Tat um.

Anna Koch   Axel Lilienblum

DU HAST MICH AUF DEM BALKON VERGESSEN

 Das Beste aus
SMSvonGesternNacht.de
... wir wissen, was du letzte Nacht getan hast

Rowohlt Taschenbuch Verlag

Anmerkung der Autoren: Dort, wo es nicht zum Witz oder der Tonart der SMS gehörte, wurden die SMS der Lesefreundlichkeit halber der deutschen Rechtschreibung und Interpunktion angepasst. Eigenheiten des Mediums wie Abkürzungen, Smileys usw. wurden so weit wie möglich beibehalten.

✳✳✳

18. Auflage November 2012
Originalausgabe
Veröffentlicht im Rowohlt Taschenbuch Verlag,
Reinbek bei Hamburg, Dezember 2010
Copyright © 2010 by Rowohlt Verlag GmbH,
Reinbek bei Hamburg
Umschlaggestaltung ZERO Werbeagentur,
München
(Illustrationsnachweis: FinePic, München)
Illustrationen im Innenteil:
Jens Tümmel, www.gogoplata.de
Innengestaltung Daniel Sauthoff
Satz Engel PostScript (InDesign) bei
KCS GmbH, Buchholz bei Hamburg
Druck und Bindung
CPI – Clausen & Bosse, Leck
Printed in Germany
ISBN 978 3 499 62694 4

INHALT

VORWORT

Schlaftrunken und noch etwas verkatert der Blick aufs Handy. Was ist denn ...? Nein! Ich habe gestern doch nicht wirklich noch ..., oh doch, die SMS ist rausgegangen.

Wer kennt ihn nicht, diesen unangenehmen Moment der Wahrheit, wenn man sich erinnert, in welcher Stimmung man letzte Nacht zum Handy gegriffen hat? Oder, viel schlimmer, wenn man es nicht mehr tut? Wir jedenfalls wissen genau, wovon wir schreiben, und so beschlossen wir, diese Kurznachrichten auf einer Website zu erhalten – zur Belustigung, Unterhaltung, vielleicht auch als kleine Mahnung an sich selbst.

Zunächst beteiligten sich nur unsere Freunde. Doch schon nach wenigen Wochen verzeichneten wir Millionen von Seitenaufrufen, und inzwischen kommt täglich eine Vielzahl neuer Beiträge hinzu. Darunter sind Liebesbotschaften, nächtliche Geständnisse und philosophische Erkenntnisse in 160 Zeichen.

Ob die SMS immer echt sind – wir können es nur vermuten, denn unsere Besucher posten ihre Nachrichten ohne Angabe von Absender oder Empfänger. Allein den Zeitpunkt des Versendens geben sie an.

Diese Uhrzeiten sind deshalb Ausgangspunkt für die folgende Reise durch die langen Stunden einer Nacht – und die des darauf folgenden Tages.

Wir wünschen gute Unterhaltung!

Anna Koch und Axel Lilienblum

19:00 – 21:54 Uhr
Kondome zählen und Nummern wählen

19:00
> Wir haben grade bei Ikea 3197
> Bleistifte mitgenommen. Bauen jetzt
> Floß.

19:00
> Treffen uns um acht am Markt.

19:01
> O. K., und wann?

19:02
> Am Markt.

19:07
> Wieso hast du mir am Freitag
> deine Handynummer gegeben, wenn
> du eh nicht antwortest? :-(

19:10
> Weil ich zu voll war, um dir die
> falsche zu geben!

19:07

Shit, ich wollte grad Kondome kaufen,
da kommt A. plötzlich an mir vorbei.

19:10

Supergau! Und jetzt?

19:15

Jetzt habe ich 'ne neue
Zahnbürste.

19:07

Du, könntest du mal schnell ins Klo
kommen, in die letzte Kabine ganz
rechts, mein String hat sich in die
Strumpfhose gerollt, komme hier
alleine nicht klar. Beeil dich doch
bitte!

19:09

Äh, ja. Ich frag jetzt einfach mal
nicht. Bin unterwegs. :-D

19:11

Oh ... das kommt davon, wenn kleine
Speckmäuse zu lange feiern. ;-)

19:16

SPECKMAUS???

19:17

Gib mal Obacht, du Flachzange. Lass die Finger von S. oder ich komm dich besuchen.

20:12

Du bist der Held vom Erdbeerfeld, kannst sogar Frauenhandys klauen und Telefonnummern lesen. Bist du stolz darauf? Und jetzt lass mich in Ruhe, du Pickelgesicht. Ich kann machen, was ich will.

20:17

Bin stolz auf S. Hat auch brav deine Adresse abgespeichert. Lauf dich schon mal warm.

19:18

Ich hab geschrieben, dass ich jeden Tag an dich denk und aber nicht weiß, für was. Das ist weder lieb noch süß. Wie ich gestern gesagt hab. Es interessiert dich eh nicht.

19:20

Warum traurig, wenn du mich gernhast?

19:34
Wo treibst du dich denn schon wieder rum?

20:01
Bergsteigen. :-)

20:23
Jaja, kaum ist ein „Berg" im Spiel, vernachlässigst du uns. Viel Vergnügen. :-)

23:11
Plural, Berge!

19:37
Hey, schöne Frau! Was machst du denn heute Abend? Wie wär's mit Kino?

20:12
Ernsthaft, wann checkst du's endlich?! Ich hab kein Interesse, und das wird sich auch nicht ändern. Also bitte melde dich nicht ständig bei mir. Lösch am besten meine Nummer, o. k.? Bitte!

19:47

Hallo liebes Last.fm-Team,
ich wünsche mir für meine
Schwiegermutter, die derzeit im
Krankenhaus liegt, von Ich+Ich „So
soll es sein, so kann es bleiben".

19:49

Ey, ich bin auf 180, S-Bahn kommt
nicht, und ich hab dein Geschenk
liegenlassen. War eh kaputt. So
wie das Glas in meiner Tasche. Ich
schrei jetzt HVV-Fahrgäste an und
komm dann fröhlich an. :-)

19:52

Hi, ich bin schizophren ... Ich auch.

19:53

Mir ist grad aufgefallen, dass ich
keine Kondome besitze. Nicht,
dass ich akut eins brauche, aber
im Optimalfall ist akut nicht fern,
und dieser Drecksverein von Lidl
hat keine. Hallo? Die haben alles –
Blumensamen! In welcher naiven Welt
leben die denn? „Wollen wir zu mir?
Da können wir Blümchen pflanzen!"

20:37

Meinst du, die von meinem
Mitbewohner sind abgezählt? Der ist
ja so geizig, der Schwabe.

19:55

Es ist einfach die Oberfrechheit,
von deiner Existenz zu wissen.
Wie sollen die anderen da je
mithalten, wenn du eh von allem
der Superlativ bist? Und wie soll ich
jetzt bitte damit weiterleben?

20:08
Wo bist du? Steh vor deinem Haus!

20:10
Scheiße, ich stehe vor deinem Haus.

20:11
Wow, hast du gut gemacht ...

20:09
Kannst du mir 20 Riesen leihen? Ich will mir einen Harem mit ehemaligen R&B-Sängerinnen einrichten.

20:14
Hör grad Busgespräch 12-Jähriger mit migr. Hintgr.: „Die Sonne is 'n Stern." – „Da is 'n Stern, der ist größer als Hamburg. So groß wie Berlin." – „Ja, aber die Sonne is auch 'n Stern.!" – „Die Sonne is deine Mudda, Digga."

20:17

Bin auf der Suche nach meiner Snowboardjacke! Wer weiß was?

20:24

Alter, das ist jetzt nicht dein Ernst, oder? Die hast du vor 3 Wochen hier bei mir liegenlassen, bevor wir zu LF-Party nach Düsseldorf gefahren sind. Morgens hast du mir noch geschrieben, du holst sie die Tage mal ab ...

20:31

Okay, weiß ich jetzt Bescheid ... Ich hol sie die Tage mal ab.

20:17

Schatz, was findest du an meinem Gesicht am attraktivsten?

20:21

Po/Brüste.

20:19

Mir ist langweilig!

20:25

Dann iss was ...

20:20

Hey du! Du ... – wollte mal fragen,
ob du dir mehr vorstellen kannst
mit mir?!

20:32

Hi Süße, ja auf jeden Fall. Mehr Sex
wär nicht schlecht!

20:24

warum werden eigentlich frauen in
einer beziehung irgendwie alle zum
endgegner?

20:27

weil wir von den männern dafür eine
fantastische ausbildung erhalten! na,
versimmst?

20:26
    Wer ist J.?
20:28
    Dein Freund!
20:29
    Ah. Der heißt jetzt S.

20:29
    (von Mama am 1. Mai): Hilfe wir
    haben kein Bier mehr – kann ein
    Pfadfinder das organisieren?

20:30
    Wunderbares Wesen! Wenn du
    heute Abend kommst, wird Gott
    einen Engel neben sich im Himmel
    vermissen!
21:00
    ??! O.K., ich komm nicht, mit wichtigen
    Leuten will man ja keinen Stress!
    Sorry, aber das geht echt nicht.

20:30

Du glaubst es nicht ... Er hat 4 Alben und eine Maxi von David Hasselhoff, und wir hören die gerade.

20:32

Der Junge ist 'n Sechser im Lotto.

20:32

Kannst du mich bitte an der dritten Kreuzung in München abholen?

20:36

ich wurst ned wie ichs schreiben soll.

20:40

Ich möchte mich bereits jetzt rein prophylaktisch bei all denen entschuldigen, die in den nächsten 12 Std. unleserliche SMS o. Ä. erhalten. Danke.

20:48
Manchmal bin ich so verpeilt, dass ich mir denke: Ach, heirateste einfach irgendeinen Typen, dann haste wenigstens Ruhe.

20:51
War das jetzt ein Angebot oder eine Aufforderung?

20:58
Der Alltag hat mich wieder. Konnte mir gerade von A. erklären lassen, dass er 1 € bei den Kaffeebohnen gespart hat, weil er das gleiche Produkt in einer anderen Verpackung gefunden hat. Ich bin schockiert und teilweise fassungslos ... Freue mich aber über den Euro. :-)

20:57
Hey, kommste dieses Jahr wieder mit am 1. Mai nach X-berg?

20:58
Wann is 'n der?

20:58

Baby, das ist jetzt ernst und dringend!!! Wir haben keine Zeit für dein Blablablabla. Blablablabla. Bla Blablablabla Blablablablablablabla. Blablablablablablablablahhhh.

21:02

Süße, hilf mir! Ich bin mit zu ihm gegangen, und jetzt will er mir an die Wäsche, aber ich nicht mehr! Was soll ich tun?

21:09

Tot stellen!

21:05

Ich bin grad auf einem Konzert, und das Mädchen hinter mir nervt! Ich glaub, ich schmier ihr meinen Kaugummi in die Haare.

21:27

So, Kaugummi ist weg! :-)

21:07
    Ich weine oft.
21:10
    O.K., ich guck Fußball.
21:20
    O.K., ich bin nackt.

21:07
    Hey P. geht's dir gut? Hab letzte
    Nacht geträumt, dass ich dich
    umbringe und deine Leiche auf
    dem Dachboden einer alten
    Grundschule verstecke. War aber
    ein Versehen. Tut mir leid, war nicht
    mit Absicht. Ahoi.

21:13
    Alter, war eben mit 'nem Freund
    im Kino, wir waren die Einzigen im
    Saal, voll geil!
21:24
    Und, was lief?
21:29
    Ich hab erst mal mein Handy auf
    laut gestellt …

21:15

Alter, fuuuuuuckck! :-D ich habe p. aus versehen verraten, dass du mit uns am sonntag bowlen warst und nicht krank im bett, wie ich ihr eigentlich sagen sollte ... hab's voll vercheckt, sorry. aber keine sorge, ich bekomm das wieder hin ...

21:18

okay, schlag mich, ich bin der größte vollidiot, ich habe die sms von grade aus versehn an p. geschickt.

21:18

Hey, hab gehört, du schmeißt 'ne Party, und fänd's nicht schlecht, mal vorbeizukommen.

21:19

Ich schon. :-)

21:20

Assi.

21:21
Ist das schlimm, wenn man 16 ist, ganz normal aussieht und noch nicht sein erstes Mal hatte?
21:25
Ja.

21:24
Du glaubst mir nicht, was mir grad passiert ist. Mir hat ein Vogel ins Gesicht geschissen :-(

21:26
Ich weiß immer noch nicht, ob ich mit ihm schlafen soll ... Vielleicht geht ihm das zu schnell.
21:28
Du lebst in einer Traumwelt, Süße.

21:30
>
> 2 Pizzen, Marshmallows, rote
> Grütze, Braten und jetzt Eiscreme.
> Ich glaub, ich hab vor 3 Wochen
> doch die Pille mit ausgekotzt!
> Fuuuuuck!!!

21:30
>
> Ich bin ein Vitamin C ... Mir ist so
> langweilig!

21:30
>
> Kann ich dir mal 'ne persönliche
> Frage stellen?

21:33
>
> 21 cm ...

21:31
>
> 4 cl Tequilla, 2 cl Curacao triple
> sec, 2 cl Zitronensaft, Eiswürfel,
> Zitronen, 10 g Salz und ganz viel
> Spaß! Klar, hören uns morgen, Kuss

21:32
Hey! Schick mir mal 'ne Test-SMS!
21:36
Test :-)
21:42
Shit ..., die SMS kam an. Meldet sich die Alte doch einfach nur nicht!

21:33
Mir ist da gerade eine sehr gute Idee gekommen: Wieso drehen wir keinen Porno?
21:48
Danke, aber ich drehe nur Zigaretten.

21:34

Hey, ich wollt mal sagen ... Tut mir leid, dass alles so doof gelaufen ist am Ende. Und danke, dass du so für mich da warst ...

6:13

Kein Ding. Ich hab noch Sachen von dir hier, Briefe und eine Laptoptasche. Wie wollen wir das machen?

15:47

Hä?!

16:25

Oh ... falsche Exfreundin ...

21:35

hahahahahahahahahahahahahaha
hahahahahahahahahahahahahaha
hahahahahahahahahahanoch100
freismsdenmonathahahahahahaha
hahahahahahahahahahahahaha
hahahahahahaha

21:35

Hahaha, ich bin jetzt schon hacke-voll, und die Nacht ist noch sooo jung, ich bin notgeil!

22:30

Ist es nicht noch etwas früh, um schon „hacke" zu sein? Hoffe mal, du fängst dir keine Krankheiten ein! Das sind wirklich Sachen, die eine Mutter nicht wissen möchte/sollte. Pass auf dich auf, Mama

22:35

scheiße, war eindeutisch nich für diiich, soory!

21:36

Seit ich verheiratet bin, bin ich der MacGyver der Masturbation.

21:38

wo seid ihr? sind jetzt auch hier vorne, hinten in der mitte ...

21:38

Er ist aufm Klo und hat die übelste Jogginghose an! Hallo? Erstes DATE! ÖFFENTLICHES Restaurant!

21:41

Hau ab da! Das bekommt man nicht mal mit Prügel korrigiert!

21:58

O.K., bin abgehauen. Soll er doch die Kack-Rechnung zahlen!

21:44

d-_-b

21:48

Wie machst du das umgedrehte b?

21:50

Scheiße, ich brauch den Schlüsseldienst, krieg die Tür nicht auf. Wo bist du?

22:01

Haaallooo, wo steckst du?

22:03

Kapier's endlich: Du wohnst nicht mehr bei mir. Ich hab das Schloss tauschen lassen.

21:52

    Jo F., was machstn heut?

22:03

    Na ja, ich hab hier 500 Euro, und die wollte ich bis morgen früh in 10 Euro und einen Kater verwandeln.

1:22

    Fertig. :-)

21:54

In der 6. Klasse wurde ich von einem Mädchen tief verletzt, in das ich verliebt war … Das war nur halb so schlimm, wie aus deiner Xbox-Freundeliste zu fliegen.

21:58 - 23:28 Uhr
Warte, bis meine
Mom schläft

21:58

Ich weiß, dass ich ein Arschloch bin! Aber dich liebe ich!!! Unser Abend bei dir mit dem Sandwich-Maker, den hab ich nie vergessen! Das war ein wunderschöner Abend!

22:00

Ne Kleine, die vom 10-l-Eimer mehr trinkt als die Kumpels ... Ich bin verliebt.

22:00

Können wir bei dir Blu-ray gucken?

22:10

Ja, klar! Worum geht's denn da?

22:00

Oh Gott, was ist denn heute los? 10 von 10 Männern schauen mich an, baggern, winken, lachen … Was hab ich bloß an mir?

22:05

Die spüren, dass du letzte Nacht schlechten Sex hattest, und wollen das jetzt besser machen … :-)

22:00

Hast du 'n Plan?

22:02

Was für 'n Plan?

22:05

Wie man Nudeln kocht?

22:00

Der Reis brennt, der Reis brennt, Alarm.

22:01

Kipp Öl rüber und in die Mülltonne damit.

22:01

Disguilty me. I don't want to go you on the cookies. But do you know you here out? I want to make one on the top and let the pig so right out …

22:03

Hier sind ca. 30 Leute auf der Party, und die haben einen Kasten Bier. Da weißt du, was das für Leute sind …

22:04

Hey Leute, danke für alles. Freundschaft ist wie in die Hose pissen. Jeder sieht's, aber nur ich weiß, wie warm es sich anfühlt. Also, danke fürs Einpinkeln … :-)

22:11

Sie hängen nicht!!!

22:13

He Markus. Ich komm nicht zu deiner Feier. Bin zwei Straßen von dir entfernt wegen dem scheiß Bierkasten übern Lenker gegangen. Die in der Notfallaufnahme sagen, Handgelenk sei mehrfach gebrochen. Mit links tippen ist scheiße.

22:58

keimn ding. kasteen gefundem. nur 5 flaschen kaput. wann komst du?

22:13

Mein Lehrer hat mir 'ne Bewerbungsvorlage von Mäcces zu meiner 6 in Mathe gelegt.

22:14

Hey, viel Spaß heute Abend und trink nicht zu viel!

22:19

Ja, was denn nun?

22:15
Schatzl ... nerv ich dich schon
wieder?
22:45
Ich zock grad!

22:16
Bin doch früher als gedacht zu
Hause ... Feier wurde schlagartig
beendet ...
22:21
Ne Feier aufn Sonntag? Und dann
schon um 22 Uhr vorbei?!
22:36
Geburtstag von Vatern, mein
Hund hat der Katze das Genick
durchgebissen am Abendbrottisch.

22:17

Wir möchten darauf hinweisen, dass ab 22:00 Uhr Nachtruhe herrscht. Bitte unterlassen Sie jegliche Ruhestörung der Nachbarschaft, andernfalls werden wir wieder die Behörden einschalten. Danke, Fam. T

22:21

Watt? Sied ihr mir nach stuttgard hinterher gezogen? Schittt!

22:21

Hey, hab deine Nummer von der L., würde dich gerne näher kennenlernen oder mal mit dir essen gehen ... LG, J.

22:25

Wenn ich Hunger hab, meld ich mich!!!

22:25

Okay, freu mich sehr und bin gespannt. :-)

22:23

DU SOLLTEST 'NE HOUSEPARTY
KLARMACHEN WO WIR HINGEHEN
KÖNNEN UND KEINE BEI MIR
ORGANISIEREN!!!

22:26

Hey, ich hab es mir anders überlegt,
ich will doch mit auf die Party, habt
ihr noch 'nen Platz im Auto frei?

22:32

Klaro, vorne links ist noch frei! :-)

22:30

Bleib heute zu Hause. Hab versucht,
Beyonce nachzutanzen, und mir
irgendwas ausgerenkt.

22:30

Schatz, ich komg gleich kuuscheln. Hab dahs Gefühl wir kuscheln zu selten.

22:35

Bist du besoffen? Ja, wir kuscheln nicht oft, aber das liegt daran, dass wir uns vor 4 Monaten getrennt haben. Na ja, war auch, glaube ich, richtig so. Schönen Abend noch.

22:30

Du dummes A*******! Du hast mit meiner Freundin gepennt.

22:40

Entspann dich! Wer hat das nicht?

22:31

Wir wollten miteinander schlafen, aber er hatte kein Kondom da ... Er wollte sich ernsthaft Frischhaltefolie um seinen Schwanz wickeln! :-)

22:32

Bitte vormerken: 25.11. in meinen
30. reinfeiern und 05.05.10
wahrscheinlich Hochzeit.

22:32

Ich halte nichts von Kompromissen,
entweder alles oder nichts!

22:34

Statt zu jammern, dass du nicht
alles haben kannst, was du willst,
solltest du lieber sehr dankbar dafür
sein, dass du nicht alles bekommst,
was du verdienst, du ARSCHLOCH!!!

22:34

Süße, Süße, Süße! Du, ich will dich besuchen, 2 Flaschen Weißwein trinken, kuscheln, dir die Haare aus dem Gesicht streichen, knutschen, deinen Hals, deine Brüste, deinen Bauch, deine süße feuchte Muschi – oooohja!

22:56

Herr L., das muss ich leider ablehnen. Ich hoffe, es ist Ihnen recht, wenn ich morgen ganz normal zur Fahrstunde erscheine?

23:01

Das ist mir etwas peinlich, Entschuldigung. M und N liegen einfach zu nah beieinander im Telefonbuch. Das bleibt unter uns, ja?

22:34

Wir haben hier kein Feng und Shui.
Wir haben hier Schnitzel und Bier.

22:34
 Sag mal, weißt du, wo mein Staubsauger ist?

22:56
 Ja, du bist gestern mit dem Staubsauger in der Kneipe aufgetaucht und meintest, du könntest dich nicht mehr von ihm trennen.

23:01
 Ja, er fehlt mir schon.

22:34
 Hey D.! Komm mal bitte zu mir ... Ich habe meinen Schlüssel verschluckt, weil der im Bier drin lag, damit ich den nicht vergesse. Du hast doch noch einen Schlüssel, oder?

22:35
    Moldawier? Heißen die nicht
    Moldawen? :-)
22:37
    Moldawier – Moldawen –
    Klingonen ...? :-)
22:42
    Chinesens ... :-)

22:36
    Und? Haste sie schon gepimpert?
22:37
    ... wir sind jetzt zusammen!
22:40
    Oh, na dann: Habt ihr schon
    miteinander geschlafen?

22:42

Die dummen Vegetariersprüche wieder in der Lehrer-Caféte! Ich irgendwann Besteck hingeworfen, dem Kollegen gesagt, dass ihm ein Messer in der Brust gut stehen würde, gesagt, ich hab keinen Hunger mehr. Er wollte Nachtisch, ich den Pudding übern Tisch geworfen und gefragt, ob er noch 'n Schnitzel dazu will. Stuhl umgeworfen, Tür zugeballert. Scheiße. Kann nie mehr ins Lehrerzimmer. Knall mich grad auf 'ner Weihnachtsfeier zu. :-(Hilfe!

22:45

Also, er hat mich gerade angerufen und gemeint, dass er mir der Fairness halber sagen muss, dass er 'ne Freundin hat. Aber sie weiß von mir, und sie erlaubt es.

22:45

Wer ist verzweifelter? Jemand, der keine Zigarette hat, oder jemand, der sie mit Tesa wieder zusammenklebt, weil sie geknickt ist?

22:47

Bist du alleine?

23:05

Nein, sorry, Freundin mit Liebeskummer, trinken Wein und gucken Sex and the City.

23:08

Wittere ich da etwa zwei von der Herde getrennte, kränkelnde Jungtiere?

22:47

Lass mich raten: Du liegst vor der Wohnung des armen Mädchens auf der Lauer.

22:49

Nein ... Ja.

22:49

    Warte, bis meine Mom schläft,
dann den Jeep. :-)

22:49

    (Sie:) Gewonnen?

22:49

    (Er:) 0:3 ...

22:51

    (Sie:) Gewonnen oder verloren?

22:51

    die blasen in meiner badewanne
singen auf französisch zu mir. ich
liebe mein leben.

22:50

Hey, was denkst du, wird wohl mit uns werden?

23:05

Sorry, habe mit meinen Eltern geredet, und die meinten, du wärest zu jung. Kann dich nicht noch mal sehen, sonst werde ich mich endgültig in dich verlieben.

23:07

Ey, komm mal klar! Du bist 26 und musst noch deine Eltern fragen, mit wem du zusammen sein darfst? Traurig ... Wischen die dir auch noch den Arsch ab?

22:54

Schlaf schön, Küsschen. Nicht zurückschreiben. Meine Alte ist da!

23:01

O.K.

23:00

Sind gleich da.

23:01

Schön.

23:05

Scheiße, uns ist das Auto
verreckt, wir stehen mitten auf
der Autobahn, und jetzt hat auch
noch T. beim ADAC angerufen und
gefragt, ob sie was von McDonald's
mitbringen können.

23:00

Männer stehen auf Kurven und was
zum Anpacken!

23:01

Ja schon, aber nicht im Gesicht.

23:00

So, jetzt kann ich es dir ja sagen:
Als du damals mit mir Schluss
gemacht hast, habe ich die Toilette
mit deiner Zahnbürste geputzt. Ich
hoffe, es hat geschmeckt.

23:02

sorry, mein freund. habe bisschen
stress mit meiner perle. aber keine
sorge, gleich ist schluss. dann
komm ich :-D

23:03

Hey Süßer, was machst du denn
heute?

23:04

Hi du, sorry, kann deine SMS nicht
lesen, da stehen immer nur so
komische Zeichen.

23:20

Hm schade, kannst du vielleicht die
SMS jetzt lesen?

23:25

Nee sorry, geht immer noch nicht.

23:01
Und wie kommen wir hin?
23:15
Hallo! Benutz doch mal dein Hirn!
23:16
Wenn du damit anfängst, mach
ich's auch.

23:11
Fahr zur Hölle oder stirb, ist mir
scheißegal, aber bitte eines von
beidem!
23:13
Führ dich nicht so auf jetzt.
In Schweden wärst du nur
Durchschnitt! :-)

23:12
Hast du mir nix mehr zu sagen?!
23:17
Doch: NEXT!

23:12
Ey, wo bleibst du???
23:15
Hey ixh kann gerade nicht. ich bin in bochum. besoffen in na tanke und bin am kacken!
23:16
Sag bloß! Ich steh hier schon 15 Minuten vor der Tanke und warte darauf, dass du rauskommst!

23:14
Das Leben ist ein beschissenes Spiel ...
23:20
Schön, dass es diesmal nicht um meine Mutter geht.
23:26
...und deine Mutter ist der Endgegner!

23:14

> kommste noch oder erst um
> vierunddreißig uhr?

0:26

> mach drölf draus ... bin aufm weg ...
> gleich

23:15

> Biste im Hier, Da oder Dazwischen?

23:17

> Erst im Da, später im Hier.
> Dazwischen heute nicht.

23:16

> Boah. Mein Typ hat grad „zwo, eins,
> Risiko" gesagt, als er gekommen ist,
> den muss ich abschießen. Oh Gott!

23:17

Halloⵔjⵔichⵔhabeⵔdichⵔganzⵔdollⵔ
liebⵔdankeⵔfürⵔdeineⵔsmsⵔhabenⵔ
unsⵔgefreutⵔkannⵔleiderⵔkeinⵔ
leerzeichenⵔgrussmama

23:17

Hast wohl schon wieder Langeweile
auf Arbeit?

23:18

Naja, helfe dem einen hier, 'n paar
Regenwürmer zu suchen. So 'ne
Box kostet wohl 4 €, und die spart
er sich, indem er halt nachts ums
Gebäude kraucht, und Zeit vergeht
auch dabei! Das ist sogar der
Schichtleiter ...

23:17

Na Kleines? Hast du Lust auf Schweinereien?

23:21

Hi Papa. Mein Handy ist kaputt. Hab mir das von Mama geliehen. Oh Gott, wie werde ich die Bilder in meinem Kopf jetzt wieder los? Danke!

23:26

Sorry! Sei froh, dass ich keine MMS gesendet habe ...

23:17

Hey, bist du irgendwie sauer oder stinkich?!

23:19

Häää ... Nein und wieso solltest du stinken?

23:20

Murphys Gesetz ist ein Arschloch.

23:21

Hab mir grad ein Stück Zunge mit 'nem Capri abgerissen. Es ist Sommer.

23:21

Also, ich bin gerade vorne an der Bühne. War gestern schön mit dir. Wollen wir uns gleich beim Jägermeister-Stand treffen?

2:44

Hey. Du, tut mir leid, aber ich denke, es wäre komisch, wenn ich dich meinem Mann vorstelle. Mach's gut.

23:24

Das Phoenix-Programm: 1. Rentiermädchen 2. Die Wanderung der Pinguine 3. Die Kindermörder von Bethlehem.

23:25

Was ist, wenn ich die Reinkarnation
von Jesus wäre? Ich würde das doch
selbst nie glauben! Wie könnte ich
mich also davon überzeugen, Jesus
zu sein!? Das würde ich wirklich
gerne wissen! Wie schrecklich. Ich
glaube, ich werde verrückt!

2:27

Was haste wieder für 'nen Film
gesehen? Was Religiöses auf
Arte, oder überkamen dich
beim Schreiben deines Buches
Erweckungsgefühle? Haste auch
Stigmata an deinen Eiern?

10:15

Liegt an der Sauferei, was willste
machen? War ja auch eher eine
theoretische Frage. Allerdings
abstrus genug. Weiß auch nicht,
hatte plötzlich wirklich Angst, Jesus
zu sein und es nicht zu merken.
Sachen gibt's!

23:28

die leute berichten von wahnwitzigen,
revolutionären gedanken ... von der
bezahlung für die mitnahme an einen
anderen ort ... versammlungen in
kollegialen kreisen, begleitet von
natürlichen ekstasemitteln und
einem flüssigen nektar des wahns ...
vereinzelt kamen überlebende zurück
und berichteten hiervon

23:28

.... doch der senat glaubte ihnen
nicht

23:34

Ähm ..., also Ostkreuz?

23:29 - 0:54 Uhr
Zwischen Prosecco und Pro Familia

23:29

oh mein gott so betrunkn ich bin
weil aba der himmel is voll schön,
wolken mit mond voll schön. du
musst ma anguckn schon oder
hast du? wie bei dir? ich liebe dich

23:30

Hi Katze! Wie wär's mit Rotwein
bei mir, nackt DVD schauen und
Schabernack treiben?

10:32

Du Trottel hast die SMS nicht an
meine Handynummer, sondern
an die Nummer vom Haustelefon
geschickt! Mein Papa hat mich
heut Morgen geweckt und gefragt,
ob ich die „Katze" sei oder er
meine Mutter fragen muss!

23:32

    Ey, sitze seit 'ner Stunde mit 'ner
vor Blut triefenden Platzwunde
im Krankenhaus und warte auf
Behandlung!

23:44

    Geh halt einfach wieder.

23:33

    Hey T., du, meine Freundin kommt
auch. Deshalb heißt du ab jetzt
M., o.k.? Mein Kollege hat mein
Handy und holt euch um 0:00 Uhr
dort ab, wo wir uns gestern Abend
verabschiedet haben. Sorry ...

23:35

    Ja nee, is klar ...

23:33

    War schön mit dir heute Abend.
Was hat dir am besten gefallen?

23:33

    Als du weg warst. Lösch bitte
meine Nummer.

23:33

Ja, ihr könnt alle zu meinem
Geburtstag kommen ...

23:40

Geschenke mitbringen?

23:55

AUF KEINEN FALL! Auf eure
Hartz-IV-Geschenke kann ich
locker verzichten ... Abgebranntes
Studentenpack!

23:33

Ich hab grad in der Bahn den Gurt
zum Anschnallen gesucht ...

23:35

Vergiss aber nicht, vor dem
Aussteigen die Handbremse zu
ziehen! :-)

23:34

Heut ist ein Tag, an dem ich die Luft schmecke. Kennst du das? Zunge raus, Luft schmecken! Lecker! Ich denk an dich und bin sicher, du wirst völlig auf mich abfahren, wenn du erst mal auf den Geschmack gekommen bist. :-)

23:34

Wie heißt die neben mir nochmal?

23:34

Muss dir das jetzt einfach sagen, bekomme dich einfach nicht aus dem Kopf.

23:40

Nimm 'nen Hammer!

23:35

KANNST DU MICH NOCH LESEN??

23:35
Wann kommst du nach Hause?

23:37
Weiß ich nicht. Ich ruf mir gleich irgendwann ein Taxi. Wieso?

23:37
Nur so!

23:40
Du Judas hast das Bier!

23:41
Ja, und deine Freundin. :-)

23:40
Falls meine Freundin fragt, ich schlaf heut Nacht bei dir, hier geht's ab wie Sau! :-)

23:53
Dasselbe hat sie mir eben auch geschrieben.

23:41

Gaaaanz blöde Idee gehabt:
Spielplatz und Verstecken gespielt.
Jetzt find ich ihn nicht mehr. Es ist
dunkel, nass & kalt, und mein Herz
kollabiert in den nächsten 10 Sek.
Fickerei!

0:07

Fickerei ist wohl eher nicht, wenn du
den Kerl nicht mehr findest. Sicher,
dass er nicht einfach geflüchtet ist,
während du gezählt hast?

23:42

willst du den mit und neben mir
binschlafen?

23:55

du bist doch getrunken! genauso wie
ich! vielleicht stürze ich gleich vor
deiner haustür vom fahrrad. wer weiß.

23:59

klingel einfach. ich verbinde deine
wunden

23:43

Oh du holdes Bier-Weib-Dirndel.
Lass uns Hoffnung schöpfen,
dass das Bildnis deines zaghaften
Antlitzes der lauen Nacht noch
unsere Augäpfel verzückt.
Der frische Honigduft deines
gewaschenen Körpers wird ersehnt,
und der Gedanke an dich erhellt
unser Gemüt und lässt uns
taumeln. In unendener Liebe ...

23:43

I wanna make love to steffi graf.

23:44

Germany 12 points!

23:46

Ich bin auf Schalke beim Boxen, du
Schwuchtel.

23:45
mach mit ihr schluss. ehrlich, das bringt nichts mehr!

23:50
ich hab schon vorletzte woche mit ihr schluss gemacht, du penner.

23:52
nein, wieso? lief doch so gut bei euch, dacht ich?

23:45
Da hat einer neben mir gerade „Schluck, du Luder" zum Pissoir gesagt.

23:47
Eine SMS kostet 19 Cent. Eine Zigarette auch ca. Hier ist die SMS! Ist doch 'n guter Tausch.

23:47

Hi Süßer, letzten Samstag war richtig geil mit dir. Würde ich gerne mal wiederholen ... :-)

23:54

Du willst mich? Dann schick einfach eine SMS mit dem Wort „Lust" an die 6565, und die Melodie „Träum weiter" kommt direkt auf dein Handy ...

0:03

Arschloch.

23:51

Anglistenparty? Du hast halt keine Würde. Artikel 1 ist für dich abgefahren. Trotzdem viel Spaß! :-)

23:53

Wie gut, dass ich nicht so bibelfest bin wie du. :-)

23:57

Verfassung, Alter. Die Verfassung! Und jetzt schnapp dir 'ne Studentin!

23:54

Oah, ich hab voll Lust, 500.000 €
auszugeben – dabei hab ich nur
40 €.

23:57

Ich hole euch dann um halb eins ab
bei Subway.

0:02

Du hast doch momentan gar
keinen Führerschein.

0:05

Das Auto fährt mit Benzin und
nicht mit Führerschein.

23:59

Ich schaff's nicht mehr vor 12!

23:58

oh mein gott, DEINE MUTTER IST HIER!

0:01

oh fuck! nicht dein ernst, was macht die?

0:03

das willst du nicht wissen, schätzchen ...

23:58

Wir müssen reden!

0:01

Ähh ...Telefon?!

0:05

Mal ehrlich, wärst du rangegangen, wenn ich angerufen hätte?

0:07

Auch wieder wahr.

23:59

Alter, ich hasse die ganzen Loser, die mir bei Facebook 'ne Anfrage senden, obwohl ich sie nicht mag.

0:02
>Montag Zeit??? Dienstag Zeit??? Mittwoch Zeit??? Donnerstag Zeit??? Freitag Zeit??? Samstag Zeit??? Sonntag Zeit??? Wann du Zeit!?? Ich mach's wieder guuuuut!

0:04
>Die Algen sind nicht das Problem, und die Frage ist NEIN!

0:04
>Na toll, bin unterwegs und betrunken. Hab IHM 'ne SMS geschrieben, vor 45 min, kam aber nix zurück. Komm bitte vorbei und schlag mich ganz fest!

0:04

Aha, und das bestimmst jetzt du
oder was?!

0:12

Jep! I have the pussy. I make the
rules :-)

0:07

Hilfe! Wir finden nicht aus dem Wald!
M. und T. sind total zu, und ich find
nicht raus! Da stand vorhin ein Schild
„Kleefeld 6,5 km", aber die sind wir
bestimmt schon gelaufen! Scheiße,
ich weiß nicht mehr, wo wir sind!

0:16

Ich frag jetzt nicht nach, wie ihr in
den Wald gekommen seid ... Aber:
Durchatmen, und sucht nicht nach Kleefeld, sondern allgemein 'ne Hauptstraße,
da müssten überall Busse oder Bahnen
fahren. Zur Not weck ich F., der holt euch.

0:29

Shit! Schild mit Kleefeld 9 km! Weck F.
auf, ich rall das nicht mit den Bahnen!
Sind irgendwo Vahrenwald, glaub ich.
Und M. hat gekotzt. Bring was zu
trinken mit, ich brauch das jetzt. Und
wir müssen alle bei dir pennen, T. hat
unsere Schlüssel vergraben. Zieh nie in
'ne WG, ist schlimmer als eigene Kinder!

0:12

Halt mich fest, wenn du mich
findest. Wenn nicht, ruf mich an.

0:12

So, liebes Fräulein, es ist schade,
dass wir uns nur kurz sahen,
und es war auch wahrscheinlich
das letzte Mal, aber die heutige
Begegnung war ein innerliches
Blumenpflücken für mich.

12:33

(2 Tage später ...) Wer bist du? :-D

13:26

Hallo, ich bin P., du hast mir deine
Handynummer am WE in mein
Handy eingespeichert, um mir den
Weg zu erklären. Kennen tun wir uns
nicht, aber ich gehe mal davon aus,
dass du stark alkoholisiert warst,
da du deine Bestellung bei Burger
King aufgesungen hast und deinen
Gesangsunterricht erwähntest ...
Schönen Tag noch. :-)

0:12

Hey süssse wo bist du denn,. lauv grad hier for dem schupen rum. wo bist du?!?

0:15

Laufe dir besoffenes Schwein schon die ganze Zeit hinterher und rufe dich die ganze Zeit.

0:30

asoo

0:12

Willst 'n Pflaster?

0:16

Nee, ich war heute schon spazieren.

0:14

Ey Alter, du musst hier sofort aufschlagen ... hier tanzt die Königin der Nacht!

0:20

Ich dachte, deine Mutter ist auf Kreuzfahrt???

0:15
Sei leise.
0:16
Sei du doch leise!
0:18
Sei du doch leise!

0:17
Hey meine SÜSSEN, wünsche euch ein frohes, gesundes, erfolgreiches neues 2010. Bin total betrunken, aber ansonsten ist alles gut. Gruß und Kuss, Mama

0:18
Hallo. dargst ip einf multgsms. Wenn noch jemand wach gr cite un unterunterhaltuni. Brtrunken und am heimweh.

0:18

Geht das nicht schneller?

0:21

Ich versuch's! Fahre schon schnell,
muss aber noch zwei Freundinnen
nach Hause bringen! Bist du so geil?

0:22

Bring sie mit ... :-)

0:20

Wenn ich nur wüsste, wie es dir
geht, wüsste ich, wie es mir ginge.

0:20

Eisn noch deine neue is wirklich
hässilch und das wollte ichd ir
schon länger sagen aber jetzt trau
ich mich erst.

0:22

Suchst du neue Freunde? Schick
eine SMS mit „Hurensöhne" an 110.

0:23

Lass mich in Ruhe, ich hab grad
kein Deutsch.

0:24

Ja! Bin unterwegs, aber mein Rad
hat einen Platten!

0:26

Soso, also für mich sieht es so
aus, als würdest du grade noch
Drinks bestellen!! Winke, winke …

0:25

0:26
?
10:14
Wollte dir schreiben, dass ich dich
liebe, habe mich aber nicht getraut ...

0:27
Ich liebe dich.
0:36
Warum?

0:28
Ey Arschi, der eine hier sieht aus
wie du ... Brauchst also gar nicht
mehr herkommen.

0:29
Also, mit Cousins ist aber o.k., oder?

0:29

Ich würde dich heiraten! Bin voll!

0:45

OH MEIN GOTT

0:30

Es tut mir leid, dass ich dich immer
noch vermisse. was auch immer in
deinem leben passiert, ich hoffe,
es geht dir gut. Das wünsche ich
dir wirklich. und das wird sich auch
nie ändern. egal, was passiert.

0:30

Junge, bitte hol mich. Lieg im
Sterben und kotz gleich. Komm
schnell, ich sterbe.

0:32

Nicht! Bin grad ins Bett gelegen!
Nehme dich morgen früh aufm Weg
in die Schule mit, kannst deine
Sterbeerfahrungen dann gleich in Reli
vortragen! Also, zieh deinen Tod noch
ca. 6 h in die Länge. Gute Nacht.

0:30

Herzlichen Glückwunsch, du
wirst ... ... nicht Vater.

0:30

Alles Gute zum B-Day wünschen dir
M & C von deiner Geburtstagsparty.
Wir lassen uns jetzt einfach mal
nicht davon irritieren, dass du nicht
da bist, und lassen es uns hier
gutgehen. Auf diesem Weg wollen
wir dir übrigens auch ganz offiziell
die Wurst des Monats März wegen
Nichterscheinens zum eigenen
Geburtstag überreichen.

0:31

Wann hattest du dein erstes Mal?

0:32

Schönes Wetter heute.

0:32

Nicht Ablenken.

0:33

Doch. DA!

0:34

D. hat sich die Nase gebrochen,
und P. liegt besoffen unterm
Tannenbaum. Heiligabend, halleluja!

1:02

Ach, mach dir nichts draus, ich
kratz grad Katzenkotze aus
der Krippe. Das Tier hat den
abgelaufenen Eierlikör von Oma
nicht ganz so vertragen.

0:35

Nur du hast den Schlüssel zu
meinem Herzen.

1:45

Tür zu. Affe tot!

0:43

Sorry saatz, gar bin bestütme!
meld mich orien' ciao dein s.

0:43

ich vermesse deine brueste.

0:47

~~Wie bitte?~~

0:48

DU HAST MICH SCHON
VERSTANDEN!

0:44

Ich kann nicht schlafen, Maus.

0:46

Ich aber. Mann, zähl Schafe!

0:46

Wuff.

0:46

Heiraten? Ich spinn doch nicht!

0:52

Hallo?! Denk doch mal nach, das ist
'ne Putzflatrate für lau.

0:48

hat bier zucker drinx? hab mir grad
die zähne geputzt und mit bier
mund ausgespült abjer jetzt muss
ich gleich nnomal. also nur wenns
zucker drin hat.

0:50

.Dz gli ukru aso grad blind pop zu
parkraö also öl pla ich woch wilh
erkue xD würzoht mai ich m s dich
alle codefrn sind scherp wixxer lol
bin nicht betrunken!

9:05

Alles klar? Wo warst du gestern?
Warst du schon wieder dicht?

9:08

Nein, ich war daheim und hab
versucht, blind Sms zu schreiben,
das hat sich einfach cool
angehört – wie türkisch xD

0:51

Liege schon im Bett und denke
daran, wie schön es jetzt wäre,
noch mal deine Kippen zu
spüren ...

0:54

Schatz, ich komm 'n bisschen
später. Guck noch das Spiel zu Ende.
Geh ruhig schon schlafen. Kuss!

0:56

Das Spiel ist seit halb 11 rum. Wo
steckst du?

1:04

Stimmt. Bin in 10 min da. 1000
Küsse!

1:02 - 2:06 Uhr
Mit leeren Flaschen auf vollen Toiletten

1:02

Hey Dude, hier hat's finnische Skilehrerinnen – und niemand kann Englisch :-)

1:02

Ich war draußen pullern, hatte kein Taschentuch und dachte mir, nehm ich Schnee stattdessen ... beschissene Idee!

1:03

Ha, dein Ex ist hier! Total besoffen und schwitzig, hat soeben 'ne fette Abfuhr von 'ner Freundin von mir bekommen und daraufhin die Barkeeperin angemacht! Lustig, lustig!

1:07

Oh nein, hör auf! Ich muss nicht noch mehr Scham empfinden!

1:15

Zeit für meinen Du-warst-mit-nem-Idioten zusammen-Tanz! :-)

1:04

kommste bald?

6:44

ja 10 min

1:04

Sag mal, wo bist du, Süßer? Hab dir doch den Weg zur Tanke gesagt. 2 Stunden zum Kippen holen?

1:07

Merkste was?

1:05

Ju.ist.cliqusuk.aiki*MfG.tag.lag. mela*g*g.ilsilä

2:45

Soso, ich hab das Gefühl, dass du betrunken bist. Betrunkener als ich.

2:46

Gar nicht, mein Handy geht rum und alle tippen was rein!

1:08

Das war's ... ich kann nimmer ...
diese eine letzte Träne ... jetzt ist
sie raus ...

1:09

Warum rufst du mich an?

1:12

Warum schreibst du mir?

1:10

Hey Süße ... Na, wie geht's? Was
machst 'n Schönes? :-)

1:16

Hi ... Tut mir leid, ich hab meine Tage.

1:12

Der K. hat so schöne
Armbehaarung *schwärm* :-)

1:24

Schöne Armbehaarung!? Bist du
prall?

2:03

Das musst du auch mal sehen!
Anfassen!

1:13

Hey, bin gerade mit meiner Freundin
unterwegs, aber zwischendurch denk
ich an dich. (Diese SMS bitte gleich
löschen wegen deinem Freund) Und
was machst du noch so? Kuss :-)

1:16

:-) Bin doch nicht blöd, ich lösche
jede SMS von dir ... Fahr gerade in
die Stadt ... Kuss zurück!

1:13

War ich blöd zu dir? Wenn ja, tut's
mir leid. Wenn du blöd zu mir
warst, nehm ich's zurück.

1:15
Hi, ich weiß gerade nicht wer du bist oder woher wir uns kennen, aber gern :-).

1:15
Du bist zu gut!
1:19
Quark, alles Karmahamsterei!

1:15
Wo bist du?
1:26
Sag ich nicht, sonst kommst du noch und versaust mir wieder alles!

1:16
Das hast du nicht gemacht, bitte!
1:18
Gott wird mir vergeben, das ist sein JOB!

1:17

Der Auswurf ist die Auster des
kleinen Mannes.

1:19

bier, wein, whiskey, the black keys
und der verdacht, dass ich bald
zweigleisig fahren werde.

1:19

Hättest ruhig absagen können,
jetzt lieg ich hier halb betrunken,
nix Halbes, nix Ganzes! Doofe Nuss!

1:20

Ich bin vielleicht nicht der beste
Freund und Anvertraute – aber ich
liebe dich so sehr, dass es wehtut,
auch wenn ich ein kleiner Scheißer
bin! Es tut mir leid, dass ich oft
Blödsinn mache – aber du bist
das Beste, was mir seit 23 Jahren
passiert ist. Bitte entschuldige
meine Blödheit ...

1:20

Ich liebe dich!!!

1:23

Liebe! Noch so ein Problem, das
Marx nicht gelöst hat!

1:20

Fühle mich geehrt mit deiner
Nummer :-) Bist so cool drauf und
so hübsch :-) Hoffentlich sehen
wir uns morgen :-) Wenn nicht,
irgendwann mal :-) Schlaf und
träum schön, Süße :-*

9:45

Ich würde mal sagen, da hat dich
jemand verarscht, weil: 1. Kenn ich
dich nicht und 2. bin ich männlich.
Frohe Ostern noch!

1:21

Komm mal vorbei, kriegst 'nen Euro
dafür!

1:22

Bin ich deine Nutte?

1:25

Weiß nicht. 5 Euro?

1:21

Hier ist was los, sag ich dir!

1:25

Schön für dich, ich lieg hier grad
mit meiner Freundin, und dann zeig
ich IHR, was es heißt, wenn was los
ist. :-) Das, mein Freund, nennt
man das wahre Leben.

1:27

Verarsch mich nicht, Alter, deine
Freundin ist hier und macht mit so
'nem Typ rum.

1:23

Hilfe!!!

1:29

Nö.

1:25

Ey S., kommst du mit Auto?

1:27

Nein, mit einer Kutsche aus Kürbis
:-)

1:25

Sie fragt „Willst du mich bumsen?"
Ich denke, es ist 'ne Fangfrage und
sag „Nein, ich will mit dir schlafen".
Nix passiert. Ich bin ein Idiot.

1:26

Dilirum, delarium, voll wie ein
Aquarium.

1:27

Willst Du mich heiraten? Sag
wenigstens theoretisch ja.

1:27

Wwoooooow! Ich fühl mich, als sei
ich auf Drogen.

1:28

Schade, jetzt nicht mehr ...

1:28

Wo bist du?

1:36

dasdoi daoj fnüdw

1:38

Ah, cool. Bring Döner mit.

1:30

Süße ... Du solltest den Caipi mal
lieber wegstellen, sonst nimmt das
kein gutes Ende mit dir ...

1:35

Aber hier is nix zum Hinstellen.

1:40

Ist da ein Boden?

1:45

Warte, muss ich gucken.

1:32

Keine Sorge, ich verrat nix! Dann
bist du jetzt halt Mr. Liar-Liar statt
Mr. Lover-Lover.

1:34

Sag mal, wo bist du? Ich dachte, du kommst noch mit zu mir?! Bist du irgendwie voll? Ich fahr morgen wieder nach Hause! Sorry, aber die Musik hier ist so laut, ich kann dich nicht anrufen.

1:41

Wie, was? Wir treffen uns 3 Tage hintereinander, und du flirtest andauernd mit mir, und dann meinst du auf einmal, dass du es nicht mehr aushältst wegen irgendwelcher erfundenen Rückenschmerzen! Das ist echt scheiße, fick dich doch! Bin grad für 35 Euro Taxi gefahren! Und zwar nach Hause! Hab kein Geld mehr.

1:50

Oh Mann, du Vollidiot! Ich hab gesagt, dass ich es nicht mehr aushalte und hoffe, dass ich morgen wegen DIR Rückenschmerzen hab! Wie dumm kann man denn sein, ernsthaft! Schönen Abend noch. Vielleicht beim nächsten Mal.

1:34

Hey. Der A. ist neben mir
eingepennt, soll ich den wecken
oder einfach gehen?

1:40

Dir ist klar, dass du im Zimmer
nebenan bist und ich ganz genau
weiß, dass du alleine da drin bist?!

1:34

FEIEREEEEEEEEEEEEEEEEEEEEEEEIIIIIII
IIIIIIIIII

1:35

Wenn ich nachts alleine im Bett liege,
stelle ich mir mich gelegentlich beim
Sex mit all meinen Ex-Typen vor. Und
bei dir bleibe ich jedes Mal hängen ...

1:36

Wir fahren direkt hinter dir! Gib mal Gas, ich will noch vor Sonnenaufgang im Club sein!

1:38

Seid ihr die, die hinter mir her fahren?

1:41

Ja, hör auf, alle 5 Sekunden nach hinten zu schauen, du Wahnsinniger! Meine Sis' sitzt bei dir drin, also GUCK AUF DIE STRASSE!

1:36

Ey Schatz! Ich hab vorhin mit C. „The Ring" geguckt und ein bisschen was getrunken. Jetzt sitzt der Vollidiot schon 'ne halbe Stunde vorm Telefon und wartet auf 'nen Anruf. Ruf mal an! Das wird ein Mega-Spaß!

1:43

Geil Mann, Danke! Eben hat er noch gelacht, jetzt hat er Angst! :-)

1:37

Ich kann mir kein Auto leisten,
deshalb schraubt sich mein Freund
Räder drunter und 'nen Lenker auf
den Kopf, und auf geht's.

1:38

Also, um das nochmal
zusammenzufassen: Die einzig
erfolgreiche Info bisher ist die
Telefonnummer der Barfrau.

1:38

Die Auswahl ist so groß! Aber
ernsthafte Kandidaten ziehen den
Schwanz ein. So ein Mist!

1:39

Meine Handykamera ist leider kaputt. R. stochert mit einer Schere in einer leeren Pringles-Dose herum, um eine „Vortex-Kanone" zu bauen. Ich bin gespannt.

1:46

R. ist verletzt.

1:41

Kannst du in Zukunft ein bisschen weniger saufen? Und sag deiner Bettgesellschaft, sie soll nicht so laut machen. Ich will schlafen! LG Mami

1:43

Du magst mich nicht.

2:27

Komm doch mal her.

3:54

Warum bist du nie bei mir?

1:43

Ich glaube, meine Eloquenz hat gerade den Zenit überschritten.

1:46

Überschritten reimt sich auf Titten!

1:44

Hey B., wo bist du, und vor allem, wo bleibst du?

1:50

Wenn ich das wüsste, wäre ich um einiges schlauer ... Also, ich befinde mich auf dem Weg in Richtung zu dir mit einer Ungenauigkeit von 80 %.

1:46

Ich liebe den Kerl ja ... Aber er schreibt so, wie Yoda redet.

1:53

Je öfter ich es lese, desto witziger wird es.

1:47

Ich lieg grad im Kofferraum meiner Ex. Komisch? Find ich auch! Wir sind Siegertypen. Yes! Hoch die Tassen!

1:47

Bruder, unsere Mutter ist besoffen! Sie lallt ständig „morgen bin ich tot", das heißt für uns: kein Mittagessen.

1:48

Alter, mir ist eben eingefallen, fällt Nikolaus dieses Jahr auf Freitag, den 13.?

2:06

Ehm … nee, auf den 6.12. wie jedes Jahr. Gute Nacht.

1:49

Wenn M. jetzt schwanger wird, solltest du dir bewusst sein, dass wir sofort nachziehen und unser Kind eures vernichten wird! Nur damit du Bescheid weißt.

1:57

Mein Sohn wird alle deine Töchter schwängern und deinen Gollumsohn umhauen!

2:00

Dein Sohn wird mit deiner Frau durchbrennen, noch bevor unsere Elitekinder überhaupt zum Zuge kommen! Deine Kinder werden unter dem Zeichen der Angst leben.

1:54

Erst heiraten wir. Dann lassen wir uns scheiden. Und dann ziehen wir wieder zusammen!

1:54

Scheiße, meine Jacke chillt gerade in der Kerze!

1:58
Mathe ist ein Arschloch ...
2:11
Und Physik sein kleiner Bruder.

1:58
Lust auf Sex?
2:10
Was steht zur Auswahl?
2:15
Ja oder Nein.

2:00
Schere.
2:00
Stein.
2:03
Verdammt :-)

2:01

Sorry, aus Versehen gelöscht.
Schreib nochmal.

2:03

Nein.

2:02

Ich zieh mir so heiße Dessous und
High Heels an und setz mich auf
seinen Schoß, halt ihm meine Brüste
ins Gesicht und frag ihn: „Na, was
willst du jetzt machen?" Und er
so ganz verliebt: „'ne Stunde WoW
und dann ins Bett?" Ich lösch den
Account bald, ey!

2:03

P. ist voll! Hab keine Ahnung, wo W. ist. L. tanzt aufm Tisch. J. glaubt, sie ist schwanger. V. und K. pokern gerade um 'ne Palme. Ich will auch.

2:06

Oh, shit! Wusste, dass das ohne mich nicht gutgeht. Soll ich dich abholen?

2:14

Ich hab gewonnen!

2:02

Kannst du Mama schreiben, dass ich mit dir unterwegs bin, bitte? Und dass wir woanders pennen? Erklär's dir morgen. Danke, J.

2:32

Hallo. J. und ich schlafen bei 'ner Freundin. Sind beide stramm ... Kommen morgen Mittag. Bussi, gute Nacht.

2:34

Du Trottel. Das sollst du MAMA schreiben. NICHT MIR! Und lass das mit dem „stramm" weg!

2:03

Alter, wo bist du jetzt? Such dich
seit einer Stunde, und meine kleine
Schwester kann ich auch nicht mehr
finden. Ich steh hier ohne dich, und
meine Alten bringen mich um, wenn
ich T. nicht mit nach Hause bringe!

2:07

Ich bin schon gegangen – und wegen
deiner Schwester ... ähm, also ...
wie soll ich es sagen ... mach dir
mal wegen deiner Schwester keine
Sorgen! Nicht durchdrehen, aber ich
hab sie nach Hause gebracht! Bin
aber auch dort ... Aber hey, komm
doch auch einfach :-)

2:11

Ich bin in 10 min da. In 9 min
hast du deine Hosen an und bist
mit neuer Identität ins Ausland
verschwunden, du H********!

2:06
    Mach mal Tür auf, Schlüssel ist weg!
2:14

    Manchmal glaub ich, wir sind keine
    Familie, sondern ein biologisches
    Experiment.

2:07-3:00 Uhr
Liebe, Lust und Übelkeit

2:07

> Ey Schwtz! Es passierzt grad
> was gnz komischs! Ich steh auf
> der Straste und gynz weitt hintn
> kpmmen Lichter uff mch zu! Was
> mbch ich jetz!? Ruf ml bitte an!

2:08

> Vielleicht von der Straße runtergehen,
> Schatz? Dann sind die Lichter mit
> Sicherheit weg!

2:09

> Supr! Schatz des hat ja sgar geklppt!
> Dz bist die Breste! Ich Libbe dich!

2:09

> Hab vorhin 'ne Buchstabensuppe
> gegessen :-)

2:12

> Geil, was stand drin?

2:11

Heey, ich hab gradd aus vesehn eine ganzze flascshe coca-colla

2:15

Aus Versehen was, Schatz?

2:20

Eiine ganze flasche coca-caoal!!!1 Was mach ich jetz?

2:12

Mein Handy dreht sich.

2:12

Ein Typ, der nach 2 Minuten kommt, ist blöd, einer, der 3 Stunden braucht, ist auch scheiße. Und so einen hatte ich grad gefühlte 5 Stunden!

2:14

Tja, da wärst halt mal lieber zu mir gekommen!

2:20

Ähm, ich wollt dir damit eigentlich nur sagen, dass du nicht der einzige Loser im Bett bist. :-) Gute Nacht

2:13

Nein, wir sind keine Menschen mit Herz. Wir sind Menschen mit ASTRA-Herz aus Liebe zu mir und Liebe zu dir. Diese SMS ist nur fehlerfrei, weil ich mit meinem Handy 10 min auf dem Klo verbracht habe. Ick liebe Dir.

2:13

Wieso bist du denn immer so gemein zu mir? Ich hab halt ein paar Kilos zu viel drauf!

2:36

Bitte? Du bist so fett! Dein Bauch ist so rund, an dem kann man die 400. Stelle von Pi ausrechnen!

2:14

Deine Katze will ins Haus.

2:17

Hä? Woher weißt du das?

2:18

Sitze mit ihr vor deiner Haustür.

2:14

Sitz hier grad und föne mir die Haare
:-)

2:39

Schön, wie wär's, wenn du dir ein Bad
einlaufen lässt und du dich mit dem
Fön reinsetzt?

2:15

Ein Typ hat mir grad ins Genick
gebissen, es blutet. Twilight hat uns
nichts als Scherereien gebracht.

2:15

Ich fahre schon seit 8 Jahren Bus!

2:16

Was ist das?

2:22

Ein blaues Licht.

2:26

Was tut das?

2:29

Es leuchtet blau.

2:17

Manchmal frage ich mich wirklich, was du überhaupt noch an mir schätzt ... Wenn ich doch so scheiße bin?!

2:21

Was soll denn das? Soll ich jetzt anfangen, über deinen Körper zu referieren?

2:17

Ich wollte nur eben anmerken, dass das Mädel auf deinem Schoß ziemlich hässlich ist. Such dir lieber 'ne andere ... Mich zum Beispiel!

2:19

Darf man in der Kirche an Sex denken? Hilfe!

2:25

Klär's halt mit Gott und lass mich schlafen.

2:19

Du bist doch verheiratet?!

2:22

Na und, das bin ich danach doch auch noch!

2:20

Er hat mich grad M. genannt – soll ich ihm sagen, dass ich nicht M. bin? Schnelle Hilfe bitte.

2:26

biq voll, aber biste besceheuert? ich dachte der steht auf m.??

2:29

Ja eben.

2:31

des kannst d doch morge früh auch nocj beichten ...

2:21

Du hast die Alte jetzt nicht im Ernst
noch mitgenommen?

2:27

Was 'n das Problem? Ist nicht die
Hübscheste, weiß ich auch.

2:32

Alter, die ist nicht nur nicht die
Hübscheste, die ist punkt- statt
achsensymmetrisch!

2:23

Hey, ich bin's, J. Dein Freund liegt
besoffen hier auf S. Party mit F. im
Bett und fickt sie ... Würde mir mal
Gedanken machen, ob das noch
was ist zwischen euch. LG

4:10

Du kleines Miststück, T. ist hier ... Er
ist nicht auf der Party. Er ist mit mir
losgegangen! Du kriegst uns nicht
auseinander! Dumme Schlampe!

2:23

Hab grad bei dir geklingelt, deine Oma kam raus und hat gesagt, ich soll gehn (die war nicht nett). Wollt nur fragen, ob du noch zur Party kommst?

2:26

Alter, meine Oma ist tot.

2:36

Oh, dann war's deine Mutter. Kommst du?

2:24

Wer euch als Freunde hat, braucht keine Feinde mehr! Oder hat mich etwa jemand in den letzten Wochen mal gefragt, wie es mir geht?

2:24

(keine Antwort)

2:25

Sorry. Das war nicht für dich!

2:24

Der 17- bis 22-Jährige neben mir im Zug schläft und sieht dabei sooo süß aus, ich möchte ihm die Brust geben ...

2:24

Ich hasse dich! Du willst die Wahrheit? O.K., ja, du bist hässlich!

3:07

Danke für diese gloriose, spätabendliche Nachricht. Aber wenn du es genau wissen willst, ich fand deine behaarten Arme auch nie besonders attraktiv, außerdem sehen deine Sommersprossen aus wie Pickel. Ach ja, und putz dir mal die Zähne. Ich wollt's ja eigentlich nicht sagen, aber deine Mundfäule riecht man auf 10 km.

11:35

Äh danke, aber die SMS war eigentlich nicht an dich. Hab sie gestern im Vollsuff an alle geschickt, war eigentlich an meinen Freund, weil wir uns gestritten hatten. Schönes Leben noch.

2:25

Alter, ich bin auf einer bescheuerten
Zwillingsparty, hol mich hier raus!
Das geht gar nicht klar, die gucken
alle schon mit ihren vier Augen auf
meine zwei!

2:26

Bringst du morgen meine Hefte mit?

2:36

Nein ... ich werde sie verbrennen.

2:38

Machst du wenigstens ein Foto
davon?

2:26

Was geht heut noch, schöne Frau?
Wie durch Zufall lauf ich grad an
deinem Haus vorbei.

2:43

Entschuldigung, das war idiotisch ...

3:02

Wenn du mir im nüchternen Zustand
was zu sagen hast, dann tu das.
Ansonsten lass mich schlafen!

2:26
Hmm, ob du wirklich wieder kommst?
2:36
Inzwischen glaub ich nicht mehr
dran ... :-(
3:36
Ich muss echt irre sein, dass ich
noch auf dich warte ...

2:27
I like i like
2:39
I sauf i sauf

2:30
wo bist du? wir suchen dich!
2:41
sitze im krankenhaus ... hab 'n lustigen
baum aufn kopf bekomen, und es wurde
mit 4 stichen genäht ... und ich hab
gelacht :-D :-D .... feiert noch schön ....
4:53
wir sitzen bei der polizei ... wollten dich
besuchen und sind eingebrochen und
leider erwischt worden ...

2:31

    Ich hab vergessen, wo ich bin ... Hilf
    mir!

2:33

    N., du bist bei uns. Guck mal wieder
    hoch, du sitzt mir gegenüber!

2:51

    Stimmt ... shit.

2:31

    Hey, du musst mir helfen,
    irgendjemand hat mir aufs Maul
    gehauen! Meine Nase ist bestimmt
    gebrochen. Tut voll weh und saftet
    wie die Sau! Du musst mich hier
    rausholen. Bitte!

2:34

    Ich hab dir eine reingehauen, du
    Flachzange! Jedes Mal fasst du
    meiner Freundin im Suff an die
    Titten ...

2:31

Alter, wo ist meine Freundin?

2:41

Die ist so dicht. Führt gerade einen
Bitchfight mit der Barbie meiner
kleinen Schwester. Hat ihr soeben
den Kopf abgerissen. Hol sie mal ab.

2:32

Oh Scheiße, sie ist im Bad und sie
weint. Ganz schrecklich.

2:35

Wer ist in wessen Bad?

2:37

Weiß nicht. Aber eben hab ich, glaub
ich, was Böses gesagt, weil sie weint.
Ganz schrecklich.

2:32

Ich lauf gerade mit meinem
Schlüpper auf dem Kopf nach Hause,
Mann, bin hacke voll. Oh ja, aufm
Kopf. Aufm Kopf.

2:34

Oh mein got ich habn tote ein
fisbh gerettet

2:34

Wo bist du, verdammt? Da ist ein
Betrunkener in der Kneipe neben mir,
der sagt, ich bin seine Cousine aus
Bombay. Er meint, ich soll aufhören,
meine Haare zu färben und wieder
nach Hause kommen, weil da mein
Verlobter auf mich wartet. Rettet
mich, bin oben. Ich bin die mit der
Rose in der Hand. Haha.

2:34

meine badewanne ist zu klein zum
delphinezüchten, und wieso liegt da ein
wal drin?

3:02

soweit ich weiß, schläft dein freund
in der badewanne, weil du ihn aus
dem bett geschmissen hast.

3:17

den will ich nicht züchten.

2:35

Bist du schon Bus? Ich bin Auto.

2:35

Tut mir leid, dass ich dich gestern
Nacht nackt ins Wohnzimmer zu
meiner Mutter getragen habe …

2:37

Danke dafür, dass du mir die Angst
vorm Alleinsein genommen hast!
Danke dafür, dass du der Grund
warst, dass ich nicht mehr an V.
hänge. Und noch ein Danke dafür,
dass du mir sogar in manchen
Nächten die Einsamkeit genommen
hast. Ich wollte dir das schon lange
sagen.

2:39

Wie bitte? Was ist los?

2:41

Sorry, war nicht an dich!

2:37

tut mir leid wegen unsre scheidung,
aber ich denk es lagn an den zu
wenich sex bei us lieb dich noch

2:41

Also, du hattest vielleicht zu wenig
Sex, nicht ich! Arschloch.

2:37

Will man dich mal wegen etwas
Wichtigem erreichen, bist du nicht
erreichbar! Bist in letzter Zeit oft
nicht erreichbar! Immer ist etwas.
Mal machst du dies, mal machst
du das ... Deine Jungs können
dich sogar erreichen, wenn wir
rummachen!

2:37

Spatz? Wo bist du? Wann kommst
du nach Hause? Mama

2:40

Jup.

2:37

Was ist denn in der Bowle drin? Ich kann nicht mal mehr geradeaus atmen!

2:37

Du bist so was von betrunken, das geht ja gar nicht.

2:46

Und du bis so was von hässlich, aber ich bin morgen nüchtern.

2:38

Liebe Mitbewohner! Sicher fandet ihr es witzig, mich in Unterwäsche vor die Tür zu setzen und auch nach dem tausendsten Klingeln nicht zu reagieren, weil ihr zu stramm wart ... Ich nehm das alles aber jetzt mit Humor, denn die Schlüsseldienstrechnung über 200 € findet ihr auf dem Küchentisch! Küsschen!

2:40

Zur Beruhigung: hab den geilen R. nicht angerufen! Obwohl ich es gern getan hätte – ich liebe, liebe, liebe, liebe, liiiiebe ihn :-) Weißt du, eigentlich sind R. und ich wie Romeo und Julia, außer dass er mich nicht liebt und wir uns am Ende nicht umbringen. Bin gleich home – muss schlafen. Seh schon alles doppelt!

2:41

Hast du dieser Schlampe meine Nummer gegeben?

2:43

Ja :-)

3:11

Wir sind jetzt zusammen.

2:41

Thats fucking great dude ... i guess its not the big problem if u know their names. Good night!

17:46

Alter! Ich hab ja gestern Nacht noch geschrieben :-O

2:41

Schatz, ich kann nicht schlafen :-(

2:42

Ich auch nicht.

2:45

Du auch nicht? Was ist bei dir?

2:47

Du schreibst mir dauernd SMS.

2:43

Hey! Von dir hört man auch nichts mehr. Wie geht's dir? LG, D.

2:46

Gut geht's mir, bin ja jetzt vergeben. :-) Und wie geht's dir? LG!

2:50

Aaaah! Schon gut, hat sich erledigt, bis dann.

2:43

Moin, ich lauf grad am Bahnhof rum,
du bist in der City am Saufen. Ich
komm dazu?!

2:50

Ich bin in Australien, du hast
mich am Mittwoch zum Flughafen
gefahren!

3:05

Also eher nich?

2:43

hey! das wir nich mehr zusammen
sind un so find ich jetzt eigentlch
voll nich mehr schlimm. hab grad voll
viel spass ohne dich, mach voll party!
ohne dich is alles besser!

2:56

Ich seh dich in der Ecke sitzen
und weinen. Soll ich rüberkommen?
Möchtest du vielleicht darüber
reden?

2:43

Hey du, ich bin betrunken genug, um dir zu schreiben, aber zu nüchtern für alles. Ich wollte dir irgendwie nur mal sagen, dass ich mit der Gesamtsituation unzufrieden bin. Sorry, eigentlich hatte ich mir vorgenommen, dir das nicht zu schreiben.

2:45

Servus! Und du warst genau noch mal wer?

2:44

Ey ALTER, hast du mein LETZTES Kondom benutzt???

2:46

Komm schnell, er hat gerade ein Fahrrad geklaut und ist damit (mit der Wodkaflasche in der Hand) in 'nen Zaun gefahren … Seine Schulter blutet, aber die Flasche ist noch ganz! Guter Mann!

2:47

Ich hab meinen Bauchnabel entflust.
Wo bleibt mein Champagner?

2:50

ICH LIEBE DICH!! So, jetzt ist es
raus …

2:52

!?! Ich glaub, die SMS ging falsch,
ich bin's, B.!

2:55

Ich weiß :-)

2:55

Ich durfte mich grad nicht auf
den Beifahrersitz setzen, weil der
Taxifahrer eine Würschtelsemmel isst.

2:56
　　War grade zum ersten Mal mit bei
　　ihm :-)
2:58
　　War es gut?
3:01
　　Ja. Voll schön, er hat mich aus
　　Versehen angepupst. Sind jetzt
　　zusammen, er ist so süß!!!

3:00
　　Schön war's, wie schon lange nicht
　　mehr.
15:30
　　Du hast deine Mütze bei mir
　　vergessen.

3:01

> Grüß dich. Wieder 'ne Nacht
> im Krankenhaus verbracht ...
> Bordsteinkante übersehen, Brille in 2
> Teile und Stirn offen. Gute Nacht.

9:26

> Idiot. Und jetzt? Was ich mir jetzt
> wieder von Mama anhören darf
> heute ...

3:02

> Babyyyyy!

3:56

> Babbyyy is voll wie ein Puff an
> Heiligabend.

3:02

Ja moin, er will dir sagen, dass er dich sehr gern hat. Aber er schläft gerade und will es nicht zugeben. Er gibt es zwar nicht zu, aber er schläft gerade und wollte es nicht zugeben. Schlaf gut und schöne Grüße.

3:04

Mann, es ist wieder nichts passiert! Haben wieder Film geguckt. Kommt da so eine heiße Sexszene, ich zieh ihn an mich ran, um ihn zu küssen, er: „Warte mal, das will ich sehen."

3:04

M., bist du schon wieder betrunken, komm jetzt sofort nach Hause! Du wolltest schon vor Stunden hier sein. Mama

3:40

kann dihc nicht versteehn, dr empfang is so schlceht.

3:06

Halt! Stopp, keiner bewegt sich! Ich hab mein Hirn verloren!

3:06

Hab grad den Türöffner-Firmenausweis vor meinen Lichtschalter zu Hause gehalten und gewartet ... gewartet ... gewartet ...

3:06

Weißt du eigentlich, dass deine Augen strahlen, als wenn du das ganze Licht sämtlicher Sterne darin gefangen hältst? Muss immerzu an dich denken ...!

3:10

...und wenn du die Sterne am Himmel zählst, dann weißt du, wie oft ich an dich denke!

3:08

Sex meinetwegen, aber weck mich nicht auf.

3:08

Lieber M., würde es dir was ausmachen, von der Funktion „Tastensperre" Gebrauch zu machen? Es ist, als weit oben in deinem Adressbuch Stehende, wohl mein Los, dass dein Arsch meine Nummer wählt. Nachts nicht gut. Viel Spaß dir noch!

3:10

bin an der aral-tankstelle. wenn ich weiß, welche richtung ich muss, geh ich los. bis gleich.

3:13

Wir kommen dich holen. Welche Aral-Tankstelle?

3:18

weiß nicht, aber der diesel kostet 1,17 €.

3:11

Neben mir liegt 'n nackter Typ im Bett. Hilfe!

3:42

Hä? Dachte, du bist nicht schwul!

3:51

Dacht ich auch ...

3:11

Ey, falls du mich suchen solltest, ich lieg hier auf der Bank auf der Promenade, und ich werd wohl länger hier liegen bleiben. Also nur keinen Stress – lass dir Zeit!

3:12

Alter, mein Auto ist weg!!!

4:32

Lass das nächste Mal den Schlüssel nicht auf dem Dach liegen! Ach ja, dein Tank ist leer.

3:12

So, die hässlichen Frauen sind
weg ... Jetzt sind nur noch die ganz
hässlichen da.

3:13

Wo bist du?

3:54

jsidncodn aaallshhs

3:13

Hör auf, so zu schnarchen, Mann!
Ich fang an, Blackmetal darin
wiederzuerkennen.

3:13

Nachtbus nach Baden, 3 Uhr, es
schneit. 30 min Verspätung, irgendwer
drückt zum 3. Mal den Aussteigeknopf,
Busfahrer macht die Türen auf,
meint, dass er erst weiterfährt, wenn
jemand aussteigt. Niemand steigt
aus, Fahrer steigt aus, zündet sich im
Schneesturm eine an …

3:14

Es ist vollbracht! Zündet eine Kerze
an und gedenkt der Person, die das
Risiko eingegangen ist, von ihrem
Kleiderschrank erschlagen zu werden.
Diesen mit ihren zarten Händen, die
so süß sind wie Himbeerschokosoße,
ausräumte, um sich dann die
ultimativen Textilbomben für sich
und ihre 2 Freundinnen für den
bevorstehenden Abend heraus-
zusortieren, und dieser Akt bis
gerade andauerte. Sie liegt nun mit
Rheumaschüben und Augenringen
bis nach Bangladesch in der Koje
und freut sich nebenbei, dass
sie blutet und somit die Geburt
eines wahrscheinlichen Ungetüms
ausschließen kann. AMEN! :-)

3:14

> Bin home, noch 'ne Idee, mich wach
> zu halten? :-)

3:16

> Machs's dir selbst, hält dich
> wach ... ;-)

3:17

> Jetzt bin ich müde. Ich denk dabei
> einfach an dich, dann penn ich gleich
> ein. Wie früher, als wir „Sex" hatten
> (deiner Meinung nach) XD

3:15

> Eine Wurst ist das, was du aus einer
> Wurst machst.

3:15

> ???

3:17

> !!! ... Und bring Kondome mit!

3:16

Hey, ich muss mir schon ein Auge mit der Hand zuhalten, sonst wackelt mein Handy so. Also, wir ziehen jetzt weiter, die Bar ist alle.

3:17

Wooooo bist du? Ich verfluche die Emanzipation, wär sie nicht, wärst du brav zu Hause und würdest das Feuer hüten.

3:17

Hi, ich find meinen BH nicht!

3:19

Lustig, L. findet ihren auch nicht.

3:20

Blödmann, ich bin L.

3:18

Sex oder Gewissen?

3:19

Und, wie läuft's? Soll ich dich anrufen und retten?

3:24

Hab ihr die ganze Zeit eine Moralpredigt gehalten, dass sie ihrem Freund nicht fremdgehen sollte, und sie dann im Flur gevögelt.

3:32

Dein Leben ist Verzicht.

3:22

ich bin hafer.

3:23

Ohne dich ist alles doof. Ich hab mich in dich verliebt. Ich bin so voll. Lasse grad jemanden für mich schreiben. Liebe.

3:23

Hab deine Eltern grad am Bahnhof
gesehen. Ich schätz mal, die
kommen früher nach Hause.
Hausparty verschieben!

3:39

krine panil auf dér tiritsol

3:23

Huhu.

3:40

Ich möchte lösen: Eule.

3:24

karrusseeeeeeeeeeeelllllllllllll

3:24

Das war heute genau das Richtige:
Ich hab nicht zu viel getrunken,
sondern die ganze Zeit.

3:24

Zieh dein Cape an und rette mich! Es geht rapide bergab.

3:26

Hahahaha. Aber rapide kannst du noch sagen. :-D

3:25

Alter, ich bin so voll ... Grad auf dem Weg nach Hause! Wo bist du?

3:27

Auf dem Rücksitz!? :-)

3:27

Verdammte Scheiße, ich bin tatsächlich ein Schlampen-Magnet!

3:30

Boah, wärst du mein Freund, würd ich dir Gift in den Kaffee tun!

3:45

Boah, wärst du mein Weib, würd ich ihn trinken!

3:25

Mann! Ich sitz bei O. im Fahrradkorb,
wir rasen gerade mit 8000 km/h den
Berg runter, mir ist schlecht und
mein Arsch hängt fest, und O. lacht
so irre. ANGST! Gleich fängt mein
Finger an zu leuchten.

3:32

hey s., wann ist noch mal deine hochzeit?
hab es gerade vergessen. wird bestimmt
lustig. bin schockiert, dass du die erste
bist, die heiratet :-)

6:12

Gestern ...

14:02

ähem ... herzlichen glückwunsch noch
einmal ... das ging wohl ziemlich schief ..
sry

3:36

saf meim zu aljohol

3:39

Komm später zu mir. Hab Wurst im Kühlschrank entdeckt, darauf möcht ich mit dir anstoßen!

3:40

Ich glaub es nicht. Der Kerl hat eine komplette SM-Ausstattung im Schlafzimmer! Ich hab so Angst, wieso hast du mir geraten mitzugehen? Was soll ich tun?

3:43

Antworte mir schneller! Ich hab Angst. Wo bist du? Soll ich abhauen? Noch im Club? Ich komm dahin! Maaauuuus!!

5:04

Ach du Scheiße, lebst du noch, Liebes?

3:41

Hey. Ich habe genug getrunken, um mit dir über uns zu reden. Wo bist du?

3:43

Die Nacht war der Wahnsinn! Dass du so mit der Zunge umgehen kannst, hätte ich nicht gedacht. Allein der Gedanke daran macht mich geil. Ich sitz grad im Bad vom Kumpel und spiel an mir rum.

3:44

Komm sofort aus meinem Bad oder ich tret die Tür ein!

3:43

Sitz jetzt in der U-Bahn nach Hause. Hab in dem letzten Laden noch mit so 'ner ollen Tussi rumgemacht. Die war bestimmt schon fast vierzig! Gute Nacht

3:55

Alter, das war 'ne Transenparty!! Da wollten wir doch nur pinkeln, Vollidiot!

3:44

Weißt du, ich dachte mir, vielleicht würdest du gerne wissen wollen, dass du mir eines kleines bisschen den Kopf verdreht hast.

3:52

Kein Ding.

3:44

Bitte, hol mich ab! Hab mich hinter den Büschen vor ihr versteckt und komm nicht mehr hoch.

3:44

Ich leide an den Problemen der Wohlstandsgesellschaft, ohne in den Genuss des Wohlstands zu kommen.

3:44

Ich komm nicht aus dem Bad raus,
die Tür klemmt!

3:46

Es ist eine Schiebetür.

3:47

Verdammt, Hilfe!

3:45

Hi, bin gut zu Hause angekommen,
aber meine Zimmertür ist
verschlossen und geht nicht auf.
Kann ich bei dir und deiner Freundin
pennen?

3:47

Ich schwöre, wenn du weiter an
meiner Tür rüttelst, hau ich dir eine
rein. Geh endlich nach Hause!

3:45

Alter, wo bist du?

3:50

Draußen.

3:52

Drinnen.

3:46

Bin gerade auf dem Weg ins Krankenhaus. T. hat versucht, einen Hasen zu fangen!

3:48

Und warum ins KH?

3:55

Bei dem Versuch ist er gegen die Laterne gesprungen und hat sich die Stirn aufgerissen ...

3:47

Ich glaub, ich bin schwul.

3:48

Wieso das denn?

3:52

Hab mit C. geschlafen.

3:47

Deine SMS war zu lang, hab sie nicht gelesen.

3:47

Du hast ungefähr das Flirttalent von einem Holzschuh.

4:10

Und gerade das macht mich so authentisch!

3:49

komm ich grad so nach hause, sitzt da so ein mensch auf meinem bett mit augen. voll krass!

3:49

Wo ist die süße Gute-Nach-SMS?

3:49

Hier!

3:50

Das war sie nicht – das weißt du genau.

3:50

Ey Alter – du hast dein Handy hier liegenlassen!

3:51

Hilfe ... ich hab grad festgestellt, dass ich mein Knoppers verkehrt herum esse!

8:15

Lass uns das zu Galileo Mystery schicken! Die lösen den Fall!

3:52
Leerzeichensindaus ...

3:52
Kommst du heut noch nach Hause
oder schläfst du bei Freunden?
Mama

3:55
Haha nein. Weil du ich tot dicht. Und
Mega. Egal :-D

3:55
Kann ich vielleicht bei dir pennen?
Ich glaub, ich hab mein Schlüssel
verloren.

3:57
Du Assi, wo bist du? Wir sitzen hier
alle bei dir in der Wohnung, und du
haust einfach ab.

3:55

> Hey Puppe. Willkommen im Abschiedsland. Seine Einwohner: du!

4:00

> Geil :-) Das ist von den Simpsons.

4:02

> Echt jetzt? Damit hat D. gerade eben mit mir Schluss gemacht! Den mach ich kalt.

3:56

> Ich habe mir Mozzarellafrikadellenröllchen von Lidl in der Mikrowelle warm gemacht. Und dabei habe ich wahrscheinlich ein bisschen geweint.

3:58

Ich suche dich seit 2 Stunden.
Nehme jetzt Taxi. Hättest sagen
können, dass du weg bist. Mit wem
überhaupt?

9:35

Ich war gestern nicht mit, du Vogel.

3:59 - 5:26 Uhr
Gleich, ich will nur
noch etwas tanzen

3:59

Häbädäbähäbääbä. Ich lieg im
Bett und bin total neben den
Schuhen. Heulkrampf und Schwindel.
Telefonieren wir heute noch? Würde
mich echt freuen, bin am Arsch der
Welt. Mein Leben ist beschissen.
O.K., ich rede Mist und werde
sentimental. Ich werde Student,
und einen Freund brauch ich auch,
mach mich gleich auf die Suche, bis
morgen!

3:59

Tut mir so weh, dass du so leidest.
Ich würde dir gerne helfen, aber
dafür bin ich wohl jetzt der falsche
Ansprechpartner ... Bitte lass dich
nicht zu sehr hängen! Aber ich bin
für dich da, wenn's gar nicht geht.
Danke für alles!

4:02

Wer bist du?

4:00
> Hab gerade dein Handy hier gefunden, ist aus. Mach dir keine Sorgen, ich bring es dir mit.

4:02
> hahah viel spazu bei ter fat ....

10:34
> wieso habt ihr arschlöcher mich in einem einkaufswagen die straße runterfahren lassen? ich bin in einem dornenbusch aufgewacht.

4:02
> Im Aldi in München sitzt eine Mischung aus dir und Michael Jackson an der Kasse. Soll ich lachen oder weinen?

4:02

> Was ist denn nun mit uns?

9:48

> Ich habe heute leider kein Foto für dich!

4:08

> Schatz, würdest du lieber eine unangenehme Wahrheit, die aber nur 'ne Kleinigkeit wäre, wissen oder lieber eine oberflächliche Lüge hören? Das ist 'ne hypothetische Frage ... Kuss!

4:10

> Sorry, but I can't. I AM IN LOVE WITH YOU. I don't feel like kissing any other lips than yours! I do love you even though I'm in love with you!

4:11

Deine Freundin liegt noch auf der Toilette. Hast du die hier vergessen?

4:28

Fuck! Ich wusste, dass ich was vergessen hab. Bin jetzt zu Hause, ich komm nicht nochmal los. Kann sie da pennen?

4:36

Im Club?

4:12

Wenn du diese SMS nicht beantwortest, sind wir ab jetzt zusammen.

4:12

Kannst du mich abholen?

4:14

Wo bist du?

4:18

Weiß nicht. Aber ich kann den Mond sehen.

4:13

Noch wach? War gerade auf dem Klo, und mir ist ein ungewöhnlicher großer Silberfisch aufgefallen, eventuell Zuchtpotenzial. Müssen dringend putzen.

4:17

Hab gehört, in Vorderasien gibt's da horrende Preise für – als eventuelle Geldquelle vormerken.

4:23

Vergiss das mit dem Putzen – wir stellen Fallen auf!

4:14

Ja, hintenrum ist man immer schlauer!

4:14

hab deinen j. vorhin kennengelernt. hatte was mitm australier. meine jacke wurde geklaut. hab dann selber eine geklaut. die wurde auch geklaut. hab jetzt eine. kuss.

4:16
> hey hey kannse mich abholsen?

4:19
> Ja, wo bist du?

4:23
> ich bin bei der eijnen
> straßenlatehnre! in der straoe mit
> der rechtskurve.

4:17
> Die Vereinigung abzählbar vieler
> abzählbarer Mengen ist abzählbar.
> Eine Menge heißt dabei abzählbar,
> wenn sie endlich oder abzählbar
> unendlich ist.

9:59
> Immer wenn es geregnet hat, kamen
> Außerirdische und haben mein Zelt
> abgebaut.

11:31
> Sonst geht es dir aber gut?

4:17

ysfjdhsdj hfjehsfjishalvjhd
lhalihdfl ohsdg podglm-c.väp
ajslkjdlkvjsaofheoeh98wr fel
shliuz478wagefljahlfdvjh89

4:31

Was geht denn mit dir ab?

4:34

Hä!? Ach so ... Ich habe auf meinem
Handy gesessen :-)

4:18

Ich seh dich nicht. Verarschst du
mich, dann sag es jetzt ...

4:20

Ich steh hinter dir! DU MUSST DICH
UMDREHEN!

4:22

Danke fürs Verarschen!

4:23

Alter, hinter dir. Du bist so raus ...
ich geh!

4:19

hey papa, bringe ein super geiles mädchen heim, hier der plan: wenn sie dich fragt, ist die wohnung mir und ich lass dich bei mir wohnen, so lange du geschäftlich hier bist!

4:20

Wieso sehen die scheiß Parkautomaten aus wie Kippenautomaten? Jetzt bin ich 5 Euro losgeworden, hab keine Kippen, aber darf mit einem Auto, das ich nicht hab, eine ganze Weile parken!

4:21

Lass uns ein Kind machen.

4:30

Ein Kind wird nicht gemacht, es wird geboren.

4:33

Dann lass es uns boren.

4:35

Ich hab aber keine Bohrmaschine hier, musst du mitbringen

4:21

Wo seid ihr??? LG.

4:22

Direkt hinter dir!

4:23

Ups! Echt?

4:24

Wieso schreibst du zurück? Dreh
dich doch um!

4:25

Du hast eben auch
zurückgeschrieben, obwohl ihr hinter
mir seid!

4:26

Das war aber danach!

4:23

J.s. S.u. Berlin. KUTLIK!

4:26

Ich liebe deine betrunkenen SMS, da
komm ich mir vor wie ein Archäologe
vor Hieroglyphen.

4:23

Ey, erst kotzt du jemanden voll und zettelst damit 'ne Schlägerei zwischen so 'nen Assis an, dann bestellst du auch noch auf deren Kosten einen Haufen Cocktails, verpisst dich einfach und lässt uns hier in der Scheiße sitzen! Wo bist du?

4:31

Gpgdmdwd mtp mgag ag dgp.

4:33

Alles klar.

4:23

Alter! Tauben sind ultragay!

4:25

gugurrr gugurrr gugurrr

4:26

Ich tanze maximal. Auf unseren
Küken steht „tot" drauf.

4:46

Auf euren Küken steht „tot" drauf?
Hä? Wer hat denn die Küken
beschriftet?

4:26

na jezt meu im ernst, hot a kuh a
mähne? i was nimma!!!

4:32

Ich

4:32

Bin

4:32

Besoffen.

4:32

Schatz, vermiss dich. Wann kommst
du denn endlich? Lieb dich.

5:21

icg baly weg scjho sehr sehr bald
ist los. gefasst machen!!-- etwa zen
minute da bin ich ... wida hoam nix
aloin lange mehr du bist. lib bar

9:21

Nach der Antwort war ich irgendwie
froh, dass du nicht gekommen bist,
bin dann eingeschlafen. Wo bist du
und geht es dir gut?

4:32

Habe mit den anderen gewettet,
ob ich mich trau mit meiner Alten
Schluss zu machen.

4:47

Und?

4:53

War 'ne scheiß Idee.

4:34

Bin gerade mega-high nach Hause
gefahren und habe angehalten,
damit ein Eichhörnchen sicher über
die Straße gehen konnte. Nach 10
Minuten ist mir aufgefallen, dass
es ein Tannenzapfen war.

4:35

Hey, ich bin grad in 'ner echt
schönen Gegend gelandet. Sieht aus
wie bei mir, nur schöner. Marktstraße.
Kennst du die?

4:36

DU WOHNST DA.

4:35

Hey! Du hast mein Fahrrad mit
deinem zusammengeschlossen!
Hab jetzt das Schloss aufbrechen
müssen! Ganz groß!

9:02

Du Idiot! Dir ist schon klar, dass wir
gestern ohne Fahrrad, aber mit der
Straßenbahn in die Stadt sind?

4:37

Warum machst du denn nicht auf?
Ich sitz heulend vor deiner Tür, und
du interessierst dich nicht mal dafür!
Bitte lass mich rein!

4:39

Ich war gerade vor der Haustür ... Du
bist hier nirgends! Geklingelt hat's
bei mir auch nicht!

5:03

Oh, falsche Haustür :-D Wusstest
du, dass bei dir nebenan auch
jemand S. heißt?

4:37

Dein Freund ist voll wie ein russischer
Elternabend.

4:38

Besser die M. im Bett, als die A. auf
dem Dach.

4:54

Alter, M. wiegt 60 kg mehr als A.!

7:22

Sprichwort bleibt Sprichwort!

4:39

Ich liebe dich.

4:43

Ich will Rucola.

4:43

irgendjemand ist in meinem bad.
irgendwie hab ich angst. wen hab ich
denn abgeschleppt, weißt du das?

4:43

alte, ich bin in deinem bad.

4:44

oh, o.k. hände waschen nicht
vergessen, ja?

4:49

Komm mal bitte zurück. Ich habe hier
ein kleines Auszahlungsproblem ...

4:50

Hallo Chef. Ich kündige, du Arschloch!

4:55

Hast dich wieder vertippt, zum Glück, hier ist nicht dein Chef! Sauf nicht so viel :-).

5:03

Hat er das gesagt? Sag ihm, ich kann saufen, so viel ich will! Es ist Wochenende!

4:50

Ich bin Jesus ...

8:13

Was bist du?

13:33

Sorry, bin auf „Senden" gekommen ... Wollte nur sagen, dass ich gut bei L. angekommen bin :-)

4:50

Du wirst es nicht glauben, aber
ich habe in der Bahn noch eine
gefunden! Sie wohnt nur eine Straße
entfernt und kocht gerade für mich!
:-)

4:51

Du, ich weiß, dass ich dich liebe.
Aber ich weiß einfach nicht, wie
du aussiehst. Könntest du mir 'ne
MMS schicken? Bitte, ich liebe dich
wirklich.

4:54

Brennholzverleih!

7:55

Nächsten Sonntag habe ich Zeit,
dann könnte ich versuchen, drüber zu
lachen :-)

4:55
Was machen Schnecken denn sonst
im Winter?
4:58
Einfrieren, schätze ich?
5:03
Du kannst „tot" als Antwort wohl
nicht akzeptieren?

4:55
ej aklter hir iss soo duknel wo
bnich???ß! guckk mal ob di ertkenns
4:59
Du hast mir nur ein schwarzes Bild
geschickt, woher soll ich wissen, wo
du bist?

5:01
Gib mir meinen Rucksack wieder!
10:19
Den hab ich bei Ebay reingestellt. Ich
schick dir den Link per E-Mail, dann
kannst du mitbieten.

5:05

(An D.'s Mama:) D. ist schon wieder
weg. Handy, Tasche, Jacke, Auto –
alles bei uns. Anscheinend ist sie
mit jemandem ins Taxi gestiegen.
Wir wissen aber nichts Weiteres. Es
würde sich jetzt auch nicht lohnen,
sie schon wieder zu suchen. Die
kommt schon irgendwie heim. Im
Notfall mit den Bullen. Wir gehen
jetzt heim ... Gruß!

5:07

Alter, bin gerade im Zug eingepennt,
50 km in die falsche Richtung
gefahren. Mir ist kalt, ich bin
besoffen und müde.

5:11

Bleib, wo du bist! Ich hol dich
morgen um 13 Uhr ab.

5:11

Es könnte sein, das jemand bei uns
schläft, der ziemlich hässlich ist ...
Bitte nicht erschrecken.

5:12

hci nib thcinrag neknurteb):

5:15

Wat willste?

6:01

Du musst dich auf den Kopf stellen, um es zu lesen.

5:14

Guten Tag. Ich habe eben dieses Handy gefunden. Da mir Ihr Name im Telefonbuch am besten gefällt, wollte ich Sie fragen, wem es gehört.

22:30

Tag (?). Sie erwarten nicht, dass ich Ihnen die Nummer gebe, von der aus Sie mich anschreiben, oder? Bringen Sie es mir einfach hier vorbei.

22:31

Wo ist „hier"?

5:17

Ich hab Opas Auto verloren.

5:19

Hey! Latsche grade an deiner Straße
vorbei und muss an dich denken ...
Schlaf schön! :-)

5:22

Großes Kino. Dann latsch mal weiter,
z. B. zu deiner Freundin! Warm
halten ist nicht!

5:25

Ich gebe zu, dass alles etwas
komisch und scheiße rüberkommt.
Ich muss so viel arbeiten, gestern
ist meine Katze gestorben, und die
Abmahnung war auch nicht leicht
zu verkraften. Ich bin komplett
überfordert!

5:32

EMO-POWER!

5:32 - 9:43 Uhr
Endlich zu Hause
... oder irgendwo

5:32

mir wurden gerade erdbeeren mit
scheiße serviert.

5:47

wäääh, erdbeeren.

5:34

Hab mich grad vor F. ausgezogen,
und er schaut nicht mal.

5:34

Hey. Du hast übrigens deine Schuhe
bei mir vergessen. Komm sie einfach
abholen, wenn du magst.

6:02

Wie zum Teufel bin ich dann nach
Hause gekommen?!

5:35

Hey Schatz, ich hab ein Problem :-(
Irgendwie bin ich hier nicht bei mir
zu Hause, und die Frau neben mir
bist nicht du und, äääh, ich bin auch
nackt. Tut mir leid. Wollte das nicht.

5:35

Erinner uns daran: Der
Körperschwerpunkt der Wurst war
näher zum Planschbecken als zum
Auffangbecken. Merk es dir nur.
Story folgt!

5:36

Falls du Angst hattest, in der
Dunkelheit nach Hause zu kommen,
brauchst du jetzt keine Angst mehr
zu haben. Es ist jetzt hell draußen.
Papa

5:37

Trainer, ich kann heute nicht ins Training kommen, ich habe Kreislaufprobleme.

5:45

Mir ist langweilig.

5:52

Danke fürs Wecken :-/ Mir jetzt auch.

5:49

Also, um 6:30 Uhr kommt mein Zug an. Also, wenn du Lust hast zu telefonieren?!

11:17

Bist du behindert?!

5:53

ich werf dich fimmer lebnen

5:53

Rat mal, wie besoffen ich bin! :-)

5:55

Auf 'ner Skala von 1 bis 10?

6:01

Ja, 1 ist voll dicht, 2 is gar nicht und
10 ist iwas dazwischen.

5:59

Sehen wir uns noch?

6:01

Hab kein Guthaben, sorry.

6:00

Machst du auf? Der Schlüssel lag
ja im Klo.

6:34

Jepp. Dein Pulli riecht auch.

6:02

Jemand hat mir meine Strumpfhose
für 50 Euro abgekauft. Hab ich
mich jetzt prostituiert? Krassestes
Silvester ever!

6:11

Jetzt sitz ich mit meinem stinkenden
Müllsackerl in der S-Bahn, weil ich in
der Eile vergessen hab, zu Hause in
den Müllraum zu gehen.

6:12

Ist sie ein Er oder Emo?!

6:12

Wo bist du? Du bist vor zwei Stunden gegangen! Und immer noch nicht daheim!

6:21

Bin in der Bahn eingepennt, lauf grad über 'ne Brücke, müsste der Rhein sein. Da steht ein Schild – ‚Willkommen in Baden-Württemberg' ...

6:14

Wer hat auf meiner Wange mit Edding „4 gewinnt" gespielt?!

6:23

Nackte Mädchen springen. Komm!

6:30

na toll, von schlappschwänzen umgeben

6:30

Hi Schatz. Bist du noch wach? IID

6:35

Nein, sie schläft schon. Gruß L.

6:47

Ey, ich lieg bei so 'nem Typen im Zimmer, das ist mir voll peinlich. Kannst du mich abholen?! Ich weiß nicht, wie ich weg komme, Sternstraße ...

7:18

Scheiße, ich lieg im Zimmer nebenan.

7:21

??!!!

6:50

So, wir sind fertig mit dem Vortrinken. Hat ein wenig länger gedauert, aber wir sind jetzt auf dem Weg. Soll ich Brötchen mitbringen? Grüßle.

6:53

Hab gerade meine Mama beim
Frühstück in der Küche getroffen.
Einer von uns beiden wird langsam
eindeutig zu alt für diesen
WG-Scheiß.

6:53

Du solltest dringend zu deinem Auto
kommen, bzw. 200 m weiter den
Berg runter …

7:02

Wtf? Bin unterwegs. Was ist los?
Ist was dran?

7:05

Na ja, eigentlich nichts. Ein kleiner
Kratzer. Aber den Polo in der
Motorhaube würde ich ausbeulen
lassen!

7:03

Schatz, wo bist du? Ich will nicht
ohne dich sein. Hast du mich
gestern Nacht verlassen? Bist du
nochmal hochgegangen? Wo zur
Hölle steckst du? Ich liebe dich.

7:17

Bist du blöd? Ich lieg bei deiner
Schwester im Zimmer, weil du mich
nicht ins Bett lassen wolltest ...

7:05

Boah, sag mal bitte der Frau K.,
dass ich heut nicht zum Unterricht
komme. War gestern einen Ticken zu
lang im Meyer.

7:13

Ja, ist o. k., und was soll ich für 'ne
Ausrede nehmen?

7:17

Ja, dass ich zu lang im Meyer war.

7:09

Ich fand sogar dein Bäuchlein sexy!
Gute Nacht!

9:54

Mein WAS?! Boah, fick dich.

7:14

Hey Dude, there's some Chinese
chick in my bed and she does not
wake up. Have a meeting at 8 am at
the office. Problem is she does not
speak English, only Chinese.

7:20

Lock your expensive stuff in your
hotel safe and get your ass over
here!

7:30

Hey Alter, wo zum Teufel steckst du?
Haben Vortrag!

8:00

Vortrag? Bin in der zukunft!

7:34

Wir müssen den Primat noch machen, der wird schlecht, wenn er so lange im Kühlschrank ist ... Bis später.

7:45

Hey Jungs, ohne Scheiß! Warum lieg ich mit 'nem Schäferhund und 'ner Mac-Doof-Tüte in der S5 ...?

7:50

Hey Maus! Ich muss mein Handy ausmachen. F. und ich müssen in den Knast. Nur, dass du Bescheid weißt, o.k.? Ild

7:53

Hallo, abends lange Medien, Telefonieren oder Ausgehen und am kommenden Morgen wegen „Kranksein" nicht zur Schule zu gehen, geht nicht. Klare Ansage: Gehst du nicht, darf deine Freundin nicht mehr kommen und du darfst nicht mehr ausgehen. Die Ruhepause wird deinem „Kranksein" guttun. Dein Papsie

7:54

Hilfe!!! Hol mich ab, ich liege neben einem Wal!

7:58

Grad bekam ich diese schlimme
Operationskleidung. :-) Kannte ich
ja, aber nicht diese Schlüpfer, die
quasi aus Verband bestehen und so
gut wie transparent sind! Das heißt,
McDreamy wird nicht nur meine
polnische Wirbelsäule, sondern auch
meinen polnischen Arsch sehen! Das
ist alles so entwürdigend! Keinen
Bock mehr!

7:59

Ich fühle mich wie ein kleines,
neugeborenes Zebrababy. Kann
nicht richtig laufen, mir ist speiübel,
und gucken klappt auch noch nicht
so ganz. Tonight it goes on. :-p

8:12

Schatz, Rock am Ring, geil! Hab seit 5 Tagen endlich mal die Unterhose gewechselt!

8:13

Wow, war ein schöner Abend, Kleine. Geh jetzt heim, schlaf schön. :-*

8:15

Ja, war es, aber hast du mal auf die Uhr geschaut? Kannst du nicht zu 'ner Zeit nach Hause gehen, die ich noch als nachts bezeichnen würde? Säufer. :-*

8:21

Hab Angst im Dunkeln. :-)

8:31

Wie war es gestern noch? Hast du deine Jacke gefunden? Bist du gut nach Hause gekommen? Wirst du es in die Uni schaffen? Bitte meld dich mal!

9:42

Ich will tot sein.

8:38

Alter, ich hab Körper. Sag mal,
kriegen wir in jeder Bar, in die wir
gehen, sofort Kurze ausgegeben?
Haben wir solche Schnapsgesichter?

9:02

War gerade im Bad vorm Spiegel.
Muss die Frage leider mit „Jetzt
zumindest schon" beantworten.

8:40

Mein ganzes Gesicht ist voller Edding!!!
Von weitem geh ich als Schwarzer
durch.

8:40

Hey Schatzi, werde wohl oder übel Zigaretten und Pille weglassen müssen.

8:50

Oh nein, bist du schwanger?!

8:55

Nein! Liege mit 'ner Trombose im Krankenhaus :-(

9:05

Gott sei Dank! Und ich dachte schon, du wärst schwanger!

8:41

Vorsicht, an der Ausfahrt von der A2 sind sie am Blitzen.

8:45

Danke, zu spät, voll beim SMS-Lesen geknipst.

9:01

Geil, krieg ich 'nen Abzug vom Bild?

8:43

Gedächtnisausfall wurde ab 24 Uhr
verzeichnet ... Die Zusammenfassung
bitte: Geld ist noch viel vorhanden,
keine Blessuren am Körper
festzustellen, keine neuen Nummern
im Kommunikationsgerät gefunden.
Warum sind wir weg? Was ist
schiefgegangen?

8:49

Bist du bei der Arbeit? Ist ja gestern
echt spät geworden! Hdl

9:02

Ja, bin ich, aber wie halt ... und
das Schlimmste ist: Mein Chef hat
gesagt, ich sähe echt beschissen
aus, wenn ich 'nen Kater hab. Aber er
will nächstes Mal mitkommen. Töte
mich!!!

8:54

Hallo mein Großer, könntest du bitte
mal die Kacke im Flur wegputzen,
das ist wirklich ekelhaft. LG Mama.

8:54

Ich hatte dir doch gesagt, dass ich
fahren kann!

9:07

Alter, du bist nicht gefahren! Ich
bin gefahren, und du hast auf dem
Beifahrersitz gesessen und mit
einem Pappteller gelenkt!

8:56

der tote dachs erweist sich als
durchaus nützlich.

8:58

Einen schönen Sonntagmorgen
wünsch ich dir. :-) Hast du gut
geschlafen? Mag jetzt ein richtig
leckeres Frühstück. Machst du oder
soll ich?

9:02

Dreh dich um und frag mich das
nochmal, Schatz!

9:03

Du bist nicht da! Wo bist du?

9:02

Schon aufgestanden? Der Alk müsste bei dir noch bis zur Oberlippe stehen.

13:25

Das war kein Aufstehen, das war 'ne Exhumierung.

9:02

Je nüchterner ich werd, desto peinlicher wird mir das Ganze. Aber gleichzeitig kommt die Hoffnung auf, dass du die letzten 5 SMS nicht gelesen hast. Bitte lösch sie!

9:12

Alter, du kannst dir die Sauerei nicht vorstellen, hab auf 'ner Tafel Schokolade geschlafen. :-/

9:23

Moin! Guck dir mal die Wiese vor
euerm Haus an! Autospuren, :-)
Waren wir gestern ... Yeah.

9:23

Vier halbe Liter Bier, 3,5 Std. Schlaf,
kein Frühstück und das einzige
Getränk auf der Ausstellung ist SEKT.

9:40

Ich versteh dein Problem nicht ... :-)

9:23

Gute Nachricht für dich. Dein
Telefonanbieter hat einen neuen
Tarif. Je hässlicher man ist, desto
günstiger wird das Telefonieren.
Kannst also in Zukunft kostenlos
telefonieren. Wollte es dir
eigentlich nicht per SMS schreiben,
aber telefonieren ist für mich jetzt
schweineteuer. Gruß F.

9:24

wie heißten des lied ... wo ich dich
auf s.'s b-day schon mal gefragt
hab ... das is kein metal ... weißte,
welches ich mein? de de de de de

9:31

Wo sind meine Haare hin, und was
ist gestern auf deiner Party alles
passiert?! :-O

11:13

Komm lieber zu mir und kehr sie im
Bad vom Boden weg!

9:33

Soll ich dir mal was sagen du bist so
ein arschloch des glaubst du mir gar
net ihd in klartext ich hasse dich
bussi h.

9:34

Ich bin eingesperrt in einem Raum voller erwachsener Menschen, die „Backe, backe Kuchen" singen!

9:38

Ich finde, du solltest aufhören zu trinken.

9:40

Mit Restalkohol im Blut ist das Ganze irgendwie ... nett.

9:34

Waaah! Ich bin bei K., und er ist irgendwie weg! Dafür ist unten seine ganze Familie versammelt! Ich hab keinen Kamm am Start, mein Ausschnitt ist so groß, dass man darin alles verstecken kann – nur die Titten nicht. Mein ganzes Gesicht ist voll mit Kajal! Und das Bad ist ... unten!!! Tadaaa! Hilf mir!!!

9:38

Lächeln und winken, lächeln und winken! Und dann: lauf!

9:35

Ich schwöre, ich trink nie, nie, nie,
nie wieder Alkohol. Nie.

10:23

Große Worte zu so früher Stunde.
Was ist denn gestern noch
passiert?

10:37

ALLES!

9:43

ich hab ma auf meinen peadl wegtan
und jetzt blut ich halte ein bisscehn

9:45

Mann Alter, schreib Deutsch.

10:05

Nach Beendigung meiner Werksarbeit
habe ich mir an meinem zweirädrigen
Gefährt die muskuläre Zerosiose am
linken unteren Drittel verletzt! →
Blutfluss, wenig.

9:47–13:15 Uhr
Von fremden Betten und frischen Brötchen

9:47

Wenn dein Handy jetzt nicht lautlos ist, hast du ein Problem.

9:50

Was soll der Scheiß … Stell dir vor, ich hätte nicht auf lautlos …

9:52

Ich krieg dich noch! Ich krieg dich noch!

9:48

Kannst du mir mal erklären, warum ich morgens um zehn schon an Sex mit dir denke?

9:50

Bekomm ich diese SMS bitte als DIN-A0-Poster für mein Schlafzimmer?!

9:48

Hey Süße, die letzte Nacht mit dir war einfach saugeil. Zum Glück konntest du verschwinden, bevor meine Alten kamen. Bitte um Wiederholung, ich ruf dich an!

9:52

Komm lieber mal runter. Frühstück ist fertig. Den Rest klären wir gleich. LG Mama.

9:53

Du hast immer wieder versucht, von mehr als 'nem Meter Entfernung auf die Treppe zu steigen. Dann hast du dich ganz langsam zu mir umgedreht und gesagt: „Ich glaub, mein Fuß ist in den gasförmigen Zustand übergegangen."

9:54

Sorry, musste mir 'ne Hose von dir leihen ... Mehr heute beim Kaffee.

10:00

Klau mir nie wieder meine Unschuld!!!

10:00

Mut ist, wenn der Sohn morgens
um 6 Uhr seine mit einem Besen
bewaffnete Mutter völlig besoffen
fragt: „Putzt du noch oder fliegst du
schon weg?"

10:01

Seit 1 Stunde sollte ich bei der
Arbeit sein, stehe aber stoned im
Media-Markt und glotz TV. Dazu
gibt's Chips und Mohrenköpfe!
Yamm!

10:12

Ich vermisse dich.

10:03

Hilfe! Bin nackt bei dem Typen von gestern Nacht aufgewacht, und wir suchen seit 'ner halben Stunde meine Klamotten, keine Ahnung, wo die sind. Hast du Zeit, mir welche von dir zu bringen?

10:27

Wo bist du? Was brauchst du alles?

10:29

Hauptstraße 7, brauche alles! Beeil dich!

10:10

Hey, schade, dass wir uns gestern nicht gesehen haben. Hätte gerne mit dir gefeiert. Wünsch dir allerdings auch so alles Gute, mein Mäuschen.

10:48

Öööhm, du weißt, dass wir uns gesehen haben? Dass du mir gratuliert hast und lauter solche Geschichten? Aber danke trotzdem.

10:49

Verdammt, nicht schon wieder!

10:12

Hey Schatz, habt ihr fleißig Ostereier gesucht?

10:23

Ja, dein Sohn hat alle gefunden. Auch die, die ihn nichts angehen ...

10:31

Oh :-) Ich werd nachher pusten.

10:14

Moin! Kannst mir sagen, wo ich bin? Hier sind überall nur Langhaarige. Die liegen hier im ganzen Haus. Das Klo wird von einem riesigen Hund bewacht! Außerdem gibt's neben dem Haus Bahnschienen!?

10:21

Langhaarige Hunde? Wo bist du denn gelandet? Gestern wolltest du nicht mit heim. Keine Ahnung, wo du jetzt steckst!

10:43

Hab gerade alles während des Bacardi-Cola-Frühstücks geregelt! Einer von denen fährt mich gleich nach Hause. Und heute Abend machen die hier eine Party! Wir sind eingeladen! Super, oder? :-)

10:15

Die letzte Nacht war echt schön ...
Sollte man wiederholen. :-)

10:19

Na ja, ich genieße eben mein
Singleleben ... Aber ja: Könnten das
gerne wiederholen!

10:25

Oh ja, ich genieße auch sehr, dass
DU Single bist. :-)

10:18

Guten Morgen an alle. Ich brauch
mal eure Hilfe! 1. Was war gestern?
2. Wo waren wir? 3. Wer war alles
mit? 4. Wo sind meine 100 Euro? 5.
Wie bin ich heimgekommen? 6. Wo
kommt der BH in meiner Stube her?
Danke für eure Hilfe.

10:24

Alter, hey, wo bist du? Ich hab bei dir übernachtet, aber von dir ist keine Spur. Deine Mutter hat auch keine Ahnung.

10:34

Keine Ahnung, wie ich hier hinkomme ... Ich hab in deinem Auto gepennt, das vor deinem Haus steht. Wie ist das passiert?

10:25

Morgen! Wie war's im Kino? Kommst du nachher noch vorbei? Lieb dich!

10:58

Da kam ein Film mit viel Sex, hübschen Frauen, Gewalt, dem Teufel, viel Tod, schönen Landschaften, Häusern und Kostümen und auch ein bisschen große Liebe. Da war eigentlich alles drin, nur nichts Realistisches. Bin in 'ner Stunde bei dir!

11:02

Sex und hübsche Frauen gibt's hier auch, sogar so ganz ohne Gewalt, Tod und Teufel. Also beeil dich! :-*

10:29

Hey! Deine Party gestern war der Hammer, hab so einen Schädel! Viel Spaß beim Aufräumen. :-)

10:33

Schön, wenn's dir gefallen hat. Aber sag mir doch vorher Bescheid, wenn du 30 Leute über Facebook einlädst. :-/ Wo ist meine Katze?!

10:59

Hm, frag mal G., der dachte gegen 4 Uhr, sie sei ein fetter Dachs, und wollte sie mit nach Hause nehmen! Das hab ich auf Video.

10:34

Was ich noch sagen wollte: geiler Haarschnitt. Businessmäßig vorn und hinten voll die Party.

10:38

Bin gerade nach Hause gekommen, hab meinen BH verloren. Wo bist du?

11:05

Bin gerade aufgewacht, lieg in meinem Zimmer. Nackter Fremder neben mir. Treffen wir uns in der Küche? Hab Hunger.

10:38

Boah, welcher Assi hat gestern Wodka in mein Mundwasser getan?! Ich hab grad ins Waschbecken gekotzt wegen euch Pennern!

10:40

Alter, das warst du selber. Als du den reingekippt hast, hast du gemeint: Morgen werd ich mich so wundern. xD

10:40

Hey, was ist los? Wieso schreibst du so böse SMS, haben wir uns gestritten?

10:44

Och, du hast nur gesagt, dass ich total die Schlampe bin und das alles vorbei ist!

10:50

War doch nur Spaß :-)

10:42

Wo seid ihr denn alle hin? Lass mal noch auf Afterhour gehn!

10:44

Hey, du Spinner, es ist Montag! Ich sitz schon wieder im Büro. Komm mal wieder runter!

10:44

Falls du M. die nächsten Tage in H. mit 'nem dickärschigen, braunhaarigen Rattenjungen siehst, ist das seine neue Freundin, und du musst ihn grüßen und sie angeekelt angucken, weil du meine beste Freundin bist. Versprochen?

10:48

Hey Süße, ich weiß nicht, ob du mich noch kennst, ich war der 26-jährige, braunäugige, braunhaarige, 1,78 m große, 74 Kilo schwere Bielefelder. Mein Hobby: Tennis. Hab die Nr. von einem Kumpel von dir bekommen. Können wir uns mal treffen, und dann gehen wir zu mir und haben eine schöne Zeit in meinem Schlafzimmer? Kuss!

10:56

Hey Süßer, ich weiß nicht ob du MICH noch kennst, ich bin 29 Jahre alt, hab blaue Augen, dunkelblonde Haare, bin 1,98 m groß, 109 Kilo schwer und komme auch aus Bielefeld. Meine Hobbys sind Bodybuilding und Kampfsport, und ich hab leichte Probleme mit Typen, die meinen, so meine Frau anmachen zu müssen ;-)

11:06

Der Hinterhältige hat mir die falsche Nr. gegeben. Tut mir leid, ich wollte deine Frau nicht anmachen. Das war eben nur so Gerede von mir. Mach ich öfter. Brauchst mich nicht schlagen, wirklich, ist alles o. k.

10:52

> THC im Blut vorhanden: Ja. Chancen
> auf Ausmusterung: Gut.

10:55

> Kann mir mal bitte jemand erklären,
> warum ich meinen Zahn in der
> Hosentasche gefunden hab?

10:58

> Äh T., ich hoffe, du hast heut
> Nacht nicht die Nudeln aus dem
> Kühlschrank gegessen, die standen
> da seit 2 Wochen ...

11:23

> Glaub mir, das hab ich um 6
> heute Morgen auch gemerkt ... :-(
> Lebensmittelvergiftung, sagt der
> Arzt. Entschuldigst du mich morgen
> in Mathe? Danke.

11:00
 Wo bin ich?!
11:02
 Bist gestern mit so 'ner Blonden
 abgehauen ... :-)
11:05
 Hör auf mit den Details! Welcher
 Planet???

11:04
 Und, hat er gesagt, warum er nicht
 wollte?
11:12
 Er meinte, es wäre, als würde man
 den weißen Hai an die Leine legen
 wollen ...

11:08
 Maria?
11:15
 Ach sorry, du bist Maria? Hatte dich
 unter Gorh gespeichert, Mann, war
 ich voll.
11:30
 Nein, ich bin Ulf. Du bist Maria.

11:13

Ey, wer von euch fand das gestern
lustig, meine ganzen Schuhe aus
dem Treppenhaus vor die Tür zu
werfen?

11:16

Das war deine alte Nachbar-Oma
heute Morgen, als wir abgehauen
sind und die durch den Flur getreten
haben.

11:18

Warum tretet ihr die Oma?

11:19

Die Schuhe.

11:13

Leute, dass die Bude wie Sau
aussieht, nehme ich hin. Aber in 6
Std. sind meine Eltern wieder am
Start. Wo ist der Inhalt von Dads
Aquarium?

11:16

Hahaha! Ich bin nicht schwanger! :O)
Wir können weiter saufen! Top! :-D

11:20

Süße! Hab mal 'ne Frage: War hier
gestern nicht eine Party bei mir? Es
ist ja alles so aufgeräumt und sauber,
habe ich gar nicht gefeiert?

11:23

Hey, doch, klar hast du gefeiert. War
'ne megageile Party! Der Geburtstag
bleibt noch lange in Erinnerung. Wir
haben vorhin alles geputzt, bevor wir
gegangen sind!

11:26

Danke dann fürs Aufräumen! Mich
würde aber noch interessieren, wem
die Katze im Bad gehört?

11:30

Was war 'n da los gestern?

11:38

Mann Alter, keine Ahnung, frag
nicht. Irgendwann hatte ich 'nen
Lampenschirm auf'm Kopp und hab
'ne Polonaise zur nächsten Party
angestimmt. Bin dann auf so 'nem
Ausflugsdampfer aufgewacht, vor 'ner
halben Stunde.

11:39

You rock!

11:30

Miau, miau, miau. Schatz, hoffe, du freust dich jetzt wegen dem SMS-Ton.

11:31

Olle, bist du behindert?! Ich schreibe grade Klausur, alle haben gefragt, wo diese beschissene Katze herkommt. Nachdem ich gesagt hab: „Ach, war nur mein Handy", durfte ich die Klausur abgeben und 'ne 6 kassieren. Danke.

11:33

Miau, tschuldige? Miau? :-(

11:34

O. k. Sorry – aber ich muss dich ganz direkt fragen: Hab ich an deinem Ohr/Gesicht geleckt? Klingt scheiße, aber es wurde mir so erzählt ...

11:35

Scheiß Nacht, ey! Schlüssel, Geldbörse und meine Freundin verloren.

11:37
Du bist fett.
12:40
Und du hässlich! :-)
12:41
Alt und so.

11:43
Ich hab mein Handy wieder! :-)
Ich bin so glücklich. Es lag im Laub
neben der Kirche und war auf
Türkisch gestellt. Hab's wohl beim
Ausdruckstanz verloren ...

11:44
Hey, alles klar? Wann bist du denn
nach Hause?
11:52
Keine Ahnung, der Pastor hat
mich heute Morgen aus dem
Brombeerbusch geholt, aus dem ich
mich nicht allein befreien konnte
und in dem ich geschlafen habe.

11:53

I just saw a bird vs. squirrel fight. A car won.

11:56

Bin gerade aufgewacht und musste feststellen, dass meine Tür weg ist ... Wo ist das Tor meiner Privatsphäre?!

12:02

Oh, du hast es gemerkt ... Die dürfte noch im Treppenhaus stehen ... T. und ich hatten gestern nach der Feier bei S. noch Lust zu surfen.

12:06

Ich habe gerade eine Zwiebel gegessen und musste weinen. :-) Doch dann hab ich mitgekriegt, dass es eine grüne Tomate war. :-(

12:08

Ich würde sagen, du bist farbenblind. Nein. Du bist nur doof. :-D Oder nein, nicht besonders schlau. Ick liebe dir!

12:10

Schweig! Sonst hol ich den Gürtel. :-)

12:08

Herzchen, wo bleibst du denn? Deine Mutti und dein Freund haben schon angerufen und nach dir gefragt. Hab gelogen :-) Aber jetzt mach ich mir doch langsam Sorgen!

12:25

Scheiße ... warum hast du mich nicht mit heim genommen? Bin mit zu dem Kerl. Hab anscheinend um 6 nackt mit meiner Unterhose in der Hand bei seinen Nachbarn geklingelt und nach dem Klo gesucht. Peinlich ... Komme gleich, bring Brötchen mit!

12:10

Mag nichts starten, ich warte jetzt, bis es schneit. So lange geh ich nicht mehr aus.

12:13

Was? Dir ist bewusst, dass die Erderwärmung dafür gesorgt hat, dass wir mittlerweile ein afrikanischer Sub-Kontinent sind und es daher nie, nie, nie wieder schneit in Deutschland?

12:10

Du warst mit deinen blöden Mädels echt scheiße zu mir! Überleg dir bitte gründlich, wie du mit mir in Zukunft umgehen wirst! Ich geb dir bis Montag Zeit, dich bei mir zu entschuldigen, sonst ist es AUS!!!

12:31

Hm ja, hab ich verstanden. Werd mich Dienstag melden.

12:10

Alter, ich hab dir gestern nicht wirklich meine Freundin für ein Bier angeboten, oder?

12:30

Nein, für zwei. Und du nanntest es „brüderliches Teilen". Klang eigentlich ganz fair ...

12:11

Hallo A.! Der letzte Hamster hat sich verabschiedet. Kennst du jemanden, der einen Käfig braucht? Schönen Tag wünschen wir. Bis bald, deine Eltern.

12:13

Das Abitur versucht meine Individualität zu untergraben.

12:20

Hallo! Tochter hab dich. lieb

12:24

Papa, bist du besoffen?

12:25

Bin. Nicht. Besoffen. Nur gut drauf. , wir fahren. Jetzt. Zur. Ballerburg

12:28

Na Süße, alles klar? Du, wenn sich
ein Mädchen bei dir meldet und
fragt, wer du bist und so, und dann
fragt, ob du mich kennst, ja, dann
sag bitte, dass du mich nicht kennst,
o. k.? Tu so und sag: „Ich glaub, du
hast dich verwählt." Bis dann! Ciao,
ciao und schönen Tag noch, danke.

12:37

Wow, so wollte ich immer schon
einmal nach einem One-Night-Stand
geweckt werden.

12:33

Weißt du, was scheiße ist? Die
Scheiße ist, man weiß nie, was man
vergessen hat ...

12:34

Bist du gut nach Hause gekommen?

12:38

Glaube schon. Aber die Katze guckt mich schon die ganze Zeit so komisch an! Glaub, ich muss mal vor 'n Spiegel.

12:40

Kann heute Abend Sex haben. Passt du auf die Kinder auf??? Kuss Mama

13:01

Hey, ich räume grad mal auf. Wer hat den Tequila mit dem Frischkäse in meinem Brotkasten vermischt? Alle sind schon abgehauen! Sehen wir uns später bei K.?

13:13

Liege in deiner Badewanne, hilf mir mal raus!

13:09

Wieso so spät? Denke, halb 2? Mann,
Dreck auch! Gut, halb 4 bin ich da.
Bis kurz vor 5! MfG

13:11

Vor dem Dönerladen am Berliner
Platz steht ein leerer Elektrorollstuhl
mit Warnblinkanlage an. Rufe ich da
jetzt 'nen Krankenwagen oder den
ADAC?

13:14

Gute Frage ...

13:15

Thema für Themenparty: „Dress to
get laid" :-)

13:15

Das ist mein persönliches Thema bei
jeder Party ...

13:16 – 18:59 Uhr
Willkommen in der Wirklichkeit

13:17

Mann, immer wenn ich Besuch kriege, zerrt meine Mitbewohnerin den ins Bett, und dann kommen sie mich nicht mehr besuchen. :-(

13:17

Ey! Welcher Penner hat gestern den Wodka ins Schildkrötenbecken gekippt!?

13:34

:-D Keinen Plan, sind sie wohlauf?

13:40

Nein, sie paddeln orientierungslos auf dem Rücken!

13:22

Die Dusche muss ich wieder von meiner Liste der Wundermaschinen streichen ... Ich stinke zwar nicht mehr, seh' aber aus wie der Tod!

13:30

Gott, ich hab gestern echt 'ne Wurst ausm Fenster geworfen.

13:30

Ich glaub, du hast mich auf dem Balkon vergessen, ich sitze hier, und mir ist frostig kalt.

13:50

Nein, ich habe dich nicht vergessen. Ich habe dich rausgeschmissen aus meinem Zimmer! Du hast mir mein ganzes Zimmer vollgekotzt! Alles, sogar in die Schränke! Wenn ich du wäre, dann würde ich vom Balkon springen und weit weglaufen!

14:04

Aha, nicht nur dein Bad. Bis gleich. Bringst du mir meine Kippen?

13:32

Sorry, aber wen habe ich bitte unter „Schatz" in meinem Handy gespeichert?

13:41
> Junge, ich hatte gestern noch so
> üblen Stress!

13:45
> Mit wem das und wer hat gewonnen?

13:45
> Der Schrank, der Schrank ...

13:44
> Oh Mann, es ist Freitag! Ich schaue
> auf den Sekundenzeiger und nippe
> an einer Ostfriesenteemischung.
> Ich warte darauf, dass 13.40 Uhr
> zu 23 Uhr werden und sich meine
> Ostfriesenteemischung in Gin Tonic
> verwandelt.

13:46
> Alter, die sahen ja sogar am
> nächsten Morgen noch gut aus.

13:47

Weißt du, man muss auch mal ein bisschen Hoeneß sein: Man kann nicht jeden Scheiß kommentieren ...

13:49

Ruf mich mal an, keine Lust, dir 'ne SMS zu schreiben.

14:05

Ja, seitdem ich arbeitslos bin, habe ich kein Zeitgefühl mehr. Wir haben 2009 ... Es ist Dienstag, der 21. bis 29. August ...

14:08
Ich hab so einen Ausschlag in meinem Privatbereich.

14:11
Privatbereich? Wenn da noch mehr Verkehr herrscht, brauchst du 'ne Ampel da unten!

14:12
Die schönsten Geschichten schreibt das Leben selbst: Darauf nehme ich erst mal die Pille danach! Wir sehen uns wieder!

14:12
Hey, warum meldest du dich nicht?

14:25
Weil ich keinen Bock auf dich hab.

14:29
Ach so. Sollen wir uns mal treffen?

14:15

Zentrale, hier Agent 0815. Stopp. Der
Vogel ist ausgeflogen. Stopp. Alles
verläuft nach Plan. Stopp. Bitte
Zeitplan bestätigen. Stopp.

14:23

Hier Zentrale. Höre Sie laut und
deutlich! Wir holen Sie da raus! Over!

14:31

Verstanden, Zentrale! Das Codewort
lautet „Brezeln". Ich wiederhole:
„Brezeln!" Halten Sie das „Serum des
Vergessens" bereit! Over and out!

14:21

Ey V., meld dich mal bitte! Ich weiß
immer noch nicht, wo ich Freitag
mein Fahrrad abgeschlossen habe,
und ich muss morgen zur Arbeit!

14:33

Wenn du mir sagst, warum ich
barfuß nach Hause gelaufen bin,
dann weiß ich vielleicht wieder, wo
dein Bike ist. :-)

14:27

Rückblickend haben wir, glaube ich, gestern unser letztes Stück Würde verloren ...

14:39

Omg, wir stürzen ab! Ich sterbe! Wollt dir nur sagen, dass ich dich echt mag. Bitte vergiss mich nicht! Und grüß alle, die ich kenne. Ich hab euch alle sehr lieb, war schön, euch zu kennen! Omg, omg, omg!

15:02

Ey, das waren sicher bloß Turbulenzen. Bist du bescheuert, dein Handy während des Flugs einzuschalten? Das ist gefährlich! Kann die Maschine stören. Schöne Ferien, wir lieben dich auch, du Angsthase. :-D

17:58

Alles klar, bin heil angekommen. Mann, du Assi, und wenn ich jetzt echt abgestürzt wäre? Du könntest dir diese fiese SMS nie verzeihen! Mach's gut, schick dir 'ne Ansichtskarte! Peace

14:44
    Wer war denn dieser Colonius?
14:45
    Papst!
14:45
    Von welchem Land?
14:46
    Hast du mich gerade gefragt, von
    welchem Land er Papst war?!

15:00
    Hallo liebe Freunde, ich wollte euch
    hiermit mitteilen, dass ich eine neue
    Nummer habe. LG
15:05
    Das ist ja schön. Aber wer bist du
    denn jetzt? Ein Name wäre schon
    nett.
15:12
    Sorry, habe ich vergessen, mit dazu-
    zuschreiben. LG

15:02

Hey! Hab keinen Bock auf Kunst ...
Komme nicht. Sag Herrn P., dass ich
krank bin. Und bitte übertreib nicht!
LG, A.

15:10

Mach ich, ich sag, du hast
Schweinegrippe.

15:12

Danke.

15:04

Ich habe am Samstag zwei neue
Mitarbeiter zum Anlernen bekommen.
Wenn die CIA jemals in ihren
geheimen Laboratorien gehirntote
Affen mit Schweinenachgeburten
gekreuzt haben sollte, dann hatte
ich zwei Exemplare davon definitiv
am Sonntag bei der Zeitung. So was
Dummes hab ich noch nicht erlebt :-/

15:07

Das wird auf keinen Fall was mit wieder saufen heute. Ich liege im Sterben. Metaphorisch.

15:09

Habe ich da gerade ein leises „Mama" gehört?

15:15

Wieso hattest du angerufen?

15:18

Ich hab dich gerade siebenmal angerufen, weil du mich versucht hast zu erreichen.

15:20

Ja, aber danach hast du nochmal versucht.

15:21

Unsere Beziehung wäre perfekt, wenn du wüsstest, dass ich verheiratet bin.

15:22
> Da war wohl gestern wieder jemand
> saufen, was? :-)

15:45
> Wie kommst du denn darauf? Nur,
> weil ich dich gestern einmal aus
> Versehen angerufen hab?

16:01
> Yep. Dreimal. x-D

15:28
> Alter ...

15:29
> Was 'n?

15:33
> Also, Kippe falsch herum anzünden
> gab's ja schon. Kippe haben, aber
> Feuerzeug vergessen, auch. Aber
> auf dem Balkon stehen und nur
> Feuer vor dem Gesicht und Kippe
> vergessen, ist neu.

15:29

Ich war grad in der Kirche und ehrlich überrascht, dass ich nicht an der Türschwelle in Flammen aufgegangen bin.

15:32

Dein Nachbar wusste, dass wir gestern besoffen nach Hause gekommen sind!

15:37

Du Spinner hast ja auch um 4 Uhr bei ihm geklingelt!

15:36

Weißt du, woher der Wanderstock in meinem Zimmer kommt?

15:38

Du musstest den gestern Abend unbedingt mitnehmen. Es war dein Pimp-Wanderstock.

15:40

Ah ja.

15:50

Ey, sag mal, hast du mein Geld endlich an T. weiterüberwiesen?

16:55

Nee, bin mit deiner Kohle auf der Flucht. Mach's gut, du Trottel.

15:54

Nein, ich habe keinen Sitzplatz mehr im Zug bekommen. Ich steh vor der Toilette, und gerade ist ein Asiate mit drei Äpfeln aufs Klo gegangen.

15:57

Das ist blöd. Und was geht bei dem Typen?

16:02

Ich weiß nicht, aber jetzt ist er mit nur zwei Äpfeln wieder rausgekommen und derjenige, der die ganze Zeit das Nachbarklo besetzt hat, mit einem. Das ist ganz komisch, ich hab Angst.

15:55

Ich nähere mich eisernen Schrittes, tapfer mache ich einen schmerzhaften Schritt nach dem nächsten, versuche, nicht zu torkeln.

16:10

Bin das erste Mal nach drei Tagen wieder nüchtern und entschuldige mich einfach mal bei allen. Falls wir uns in dem Zeitraum gesehen haben und ich mich danebenbenommen habe, tut es mir leid. Falls nicht, ignorier die Rund-SMS hier einfach :-) PS: Fasching ist böse.

16:25

Bin auf der Autobahn. Nur Holländer hier. Super nervig!

16:27

Reg dich nicht auf und sei ihnen gnädig. In 20 Jahren gibt's das Land eh nicht mehr.

16:32

Hallo mein Schatz! Ich liege gerade beim Blutspenden in der Uni. Falls ich das nicht überleben sollte, will ich dir noch sagen, ... (Textteile fehlen)

16:52

OMG, mein Hamster ist in meinen Kakao gefallen!

16:53

Du bist verwirrt! Wenn eine Frau neben dir schläft, dann ist das kein Notfall! Es sei denn, sie ist ein Mann!

17:12

Ich hab einen neuen Beweis dafür, dass du mich lieben musst, schließlich hast du letztens bei offener Badtür vor mir gepinkelt. :-) Kuss.

17:18

find's echt assi von euch, dass ihr
meine sms durchlesen musstet im
bistro am fr! bin schon enttäuscht!
denk eigentlich, ich kann euch
vertrauen. aber anscheinend nicht.

19:05

Hey cool, du hast ja wieder Geld
aufm Handy ...

17:23

Hey, ich glaub, wir sollten was klären.
Das war wohl alles 'n Missverständnis
gestern. Würde echt gern mit dir
darüber reden. Hast du Zeit und 'ne
Festnetznummer?

18:12

O.k., reden wir halt. Bin gespannt. :-)
Festnetz hab ich nicht, ruf mich auf
dieser Nummer an. Bis gleich!

18:15

Ey, das ist zu teuer. So wichtig ist's
mir nun auch nicht. Man sieht sich
vielleicht.

17:25

Wer bist du?

17:34

Ich steck im Körper deiner Oma, steh vor deinem Fenster und beobachte dich gerade!

17:32

Hallo Mama, Festival ist super. Ihr werdet wahrscheinlich Großeltern, und ich hab deinen Namen inkl. Herz auf den Oberarm tätowiert. Aber keine Angst, der Piercer meinte, so betrunken, wie ich bin, haut er mir keinen Ring irgendwo durch. Hab euch lieb!

17:46

Hey, ich weiß, dass du grad aufm Weinfest bist, aber hast du Torwart-Handschuhe für mich für morgen?

17:48

nackt.

17:47

Herzchen, ich habe nicht expliziert, dass ich damit ein Problem habe. Es war die letzte despektierliche und, in meinen Augen, unreife Aussage, die mich brastig gemacht hat.

18:00

Wir sind endlich papa und mama! Um 15.21 uhr kam der kleine nazi zur welt.

18:03

maxi, nicht nazi!

18:00

Hey hab 'ne tolle Idee: Sollen wir rausgehen, ein Picknick machen, Volleyball spielen gehen, uns einen schönen Tag machen?

18:01

Es regnet!

18:05

Planänderung: Ich komme zu dir. Meine Rollläden waren zu.

18:00

    Haben wir noch Öl im Haus? Wollt mir ein Stück Fleisch braten.

18:01

    Nee, musst Butter nehmen.

18:15

    Der Rauchmelder funktioniert!

18:04

    Nee, ich sag's ihr lieber nicht. Sonst habe ich wieder Enthaarungscreme im Shampoo.

18:06

    Die Anteilnahme rührt mich an einer Stelle, an der sich schon lange nichts mehr bewegt hat.

18:11

Ich habe keinen Bock zu trinken, ich fahr mit dem Auto, Alter! Und wir tonnen auch bei Vulkans.

18:12

„Wir tonnen auch bei Vulkans." Der Code ist neu ...

18:17

Ich bin in Türkei. Verstehst du mich?

18:21

Schreib lauter!

18:21

Hey sorry, aber komm erst in 20 Minuten heim, musste noch wohin. Wartet einfach auf mich.

18:26

Haben wir uns schon gedacht. Wir sitzen vor deiner Glotze. Du hast dein Dachfenster offen gelassen, dann sind wir hochgeklettert und eingestiegen. Nicht böse sein!

18:24

Wir hoffen, es geht dir besser.
Wir haben noch an die Scheibe
vom Krankenwagen geklopft, um
zu fragen, wie es dir geht. Gute
Besserung.

20:45

Jungs, mir geht's besser, bin
irgendwie im Krankenhaus. Ich weiß
zwar nicht, was passiert ist, aber ich
bin bald wieder dabei. Bis dann –
und wehe, die Party ist vorbei.

18:24

Hey, Süße! Freu mich auf heute
Abend! Haben uns ja lange nicht
mehr gesehen. Warte nur darauf,
endlich wieder bei dir zu sein!

18:29

Hi! Du, das mit heut Abend wird
nichts – sorry, aber hab drüber
nachgedacht, und ich glaub, das wird
nichts mehr mit uns beiden.

18:46

Wie jetzt? Und das sagst du mir per
SMS? Geht's noch? Na ja, trotzdem
schöne Grüße von deiner Mutter, wir
trinken gerade zusammen Glühwein
bei dir zu Hause!

18:30

Hunger, Hunger, Hunger! Baby, ich hab Hunger! Geh was jagen!

18:40

Wenn ich irgendwo 'ne Katze sehe, überfahre ich sie und bring sie dir mit!

18:31

So, nachdem ich wider Erwarten den Tag überlebt habe – was machen wir jetzt?

18:43

Komm schnell zurück! Du hast eine meiner Socken an ... Wenn K. das sieht, wird sie doch stutzig, oder?

18:45

Schöne D. Es tut mir leid, dass du
so aufgebracht warst. Ich hab nur
gesagt, du sollst nicht schwer tragen,
hat der Arzt gesagt, und deswegen
soll J. das tragen. Ich habe noch ein
Telefonguthaben für deine Mutter.
Die Sachen, die von der Polizei
beschlagnahmt wurden, habe ich
in Hamburg von einem Abhängigen
gekauft.

18:59

Stell dir Romeo und Julia vor. Mit
zwei Männern. Jetzt stell dir vor,
einer der beiden war zehn Jahre
im Knast und schläft neben einer
nackten Frau, ohne sie anfassen zu
dürfen. Jetzt stell dir vor, der eine ist
ein Wolf, der andere eine Ziege.

19:04

Das übersteigt meine
Vorstellungskraft.

Der Spaß geht weiter

rororo 62809

Der neue Bestseller!

Nach ihrem Bestseller «Du hast mich auf dem Balkon vergessen» versammeln Anna Koch und Axel Lilienblum erneut die skurrilsten, peinlichsten und bewegendsten SMS, die wohl manches Mal besser nie verschickt worden wären.

3:10

Hi Spatz, wann kommst du nach Hause?

3:21

Gleich, zieh dich schon mal aus und leg dich
ins Bett! ;-)

3:22

Ich glaube nicht, dass du das wirklich willst. LG Mama

S 111/1

Doktor Oldales geographisches Lexikon

Der ultimative Begleiter für alle Reisebegeisterten: Von Afghanistan bis Zypern präsentiert er für jedes Land der Welt erhellende und überraschende Fakten – Wissenswertes und Skurriles gleichermaßen.

So erfährt man, dass irisches Guinness weniger Kalorien hat als fettarme Milch; dass im Parlament des indischen Bundesstaates Meghalaya ein Adolf Hitler Marak sitzt; warum es in französischen Zügen verboten ist, sich zu küssen, und wo das Nichtbetätigen der Klospülung 150 Dollar Strafe kostet.

Liebevolle Ausstattung mit über 1000 Abbildungen.

Auch als E-Book

JOHN OLDALE

Doktor Oldales geographisches Lexikon

rororo 62954

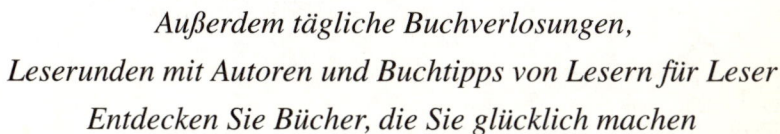